NAISSANCE NON-SENS
ENDSTEHUNG

Kurzgeschichten von

Frédérique Sellin-Hashim

deutsch / französisch

Übersetzung aus dem Französischen
von Sylvain Moreau

Mit Illustrationen
von Lydia Hashim

BERNSTEIN-VERLAG PAR

2004

Frederique Sellin-Hashim (Texte)
geb. 1977 in Concarneau / Bretagne
Venusbergweg 14, D-53115 Bonn

Lydia Hashim (Illustrationen)
geb. 1971 in Bonn
Venusbergweg 14, D-53115 Bonn
www.lydiahashim.de

Sylvain Moreau (Übersetzung)
geb. 1971 in Melle
Fürstenstrasse 4, D-53111 Bonn

Bibliografische Information Der Deutschen Bibliothek
Die Deutsche Bibliothek verzeichnet diese Publikation in der Deutschen Nationalbibliografie; detaillierte bibliografische Daten sind im Internet über <http://dnb.ddb.de> abrufbar.

Andreas und Paul Remmel, Postfach 1968, 53009 Bonn
www.bernstein-verlag.de
Printed in Germany, 2004
Cover-Abbildung, „Liebesbriefe“, Lydia Hashim, Bonn

ISBN 3-9808198-9-2

Inhalt

Abbildungen

Rattensaft

Die Alten weinten ständig und zogen jämmerliche Mienen. Ich glaube, dass sie kein Rattenragout mochten. Immer, wenn ich mich in die südlichen Gegenden zur Jagd aufmachte, berührten sie mit dem Finger ihre Stirn, ihren Bauch und ihre Schultern. Sie riefen „Amen!“ und warfen sich auf die Knie, den Blick in den Himmel gerichtet. Ich fand es sehr witzig, aber ich lachte nicht mehr, wenn ich zum Lager zurückkehrte und voller Stolz die Ratten am Schwanz hielt. Die Alten schauten sie mit angewidertem Blick an und erbrachen sich mit grimassierendem Gesicht. Ich fand es beleidigend. Dann sollten sie doch losziehen, im Schotter wühlen und sich den Kopf darüber zerbrechen, wie sie diese Viecher fangen würden, die täglich neue Tricks erfanden, um mir zu entkommen. Ich ließ sie weiterjammern und hörte sie noch flüstern:

– „Kalbsbraten ...“

– „Ratatouille ...“

– „Ein Stückchen Käse!“

– „Bratkartoffen?“

Sie sabberten, während sie sprachen, sie waren widerlich. Meine Mutter sagte zu mir, dass die Alten wahnsinnig geworden waren, nachdem „es“ passiert war. Vor allem die Männer. Ihrer Meinung nach hatten sie so sehr versucht, „zu gut zu leben“, bevor „es“ passiert war, dass sie es nicht verkraftet hatten, alles verloren zu haben. „Und doch sind sie am Leben. Daran sollten sie öfter denken“, sagte sie dazu. Meine Mutter war die Köchin unserer Gemeinschaft. Ich brachte ihr täglich meine Ratten, und ihre Augen glänzten vor Stolz beim Anblick meiner Beute. Sie nahm mich in die Arme:

– „Toll, Kleine, du bist erst sechs, aber auf dich kann man zählen!“

Ich hätte dahin schmelzen können, wenn sie so mit mir sprach. Mein Herz schlug vor Freude. Ich hätte mich sofort wieder auf den Weg machen können, auf meinen müden Beinen, um die stärksten und dicksten Ratten zu fangen. Ich blieb aber bei ihr und schaute ihr zu, wie sie die Schwänze und Köpfe abtrennte. Die kleinen gepellten Haufen aus Fleisch und Knochen verschwanden mit klangvollem „plock!“ in den großen Topf. Meine Mutter lächelte und rührte das Ragout mit einem Ast. Im Geruch des Fleisches roch ich ihren eigenen, immer gleich, süßlich, warm, bezaubernd.

Ich fragte mich seit langem, woher meine Mutter ihn hatte. Aber wenn ich Fragen stellte, schwiegen alle, und einige fingen an zu weinen oder verzweifelt zu schreien. Es war zum Verrücktwerden. Ich wusste, dass auf dem westlichen Metallberg ein Mitglied der Gemeinschaft lebte, das sich vor einigen Jahren in die Einsamkeit zurückgezogen hatte. Manchmal hörte ich, wie die anderen über ihn redeten, und mit der Zeit war ich auf ihn neugierig geworden.

Eines Tages packte ich eine Portion Ragout ein und machte mich auf den Weg zu seiner Hütte. Als ich endlich ankam, rief ich:

– „Deremit! Deremit!“

Er antwortete mit freundlicher Stimme:

– „Hier bin ich, Kleine, aber ich heiße nicht Deremit, mein Name ist Simo …“

Verträumt streichelte er mir über den Kopf.

– „Alles klar, Simo, aber da unten nennen sie dich Deremit. Warum?“

– „Weil ich alleine lebe, abseits der Gemeinschaft. Es darf mich jeder besuchen kommen, ich suche aber niemanden. Für diejenigen, die unten leben, bin ich ein Eremit.“

– „Nein, … nein, sie sagen nicht ein Eremit, sie sagen Deremit.“

– „Einverstanden, Kleine. Mach, wie du willst. Magst du einen Proka?“

– „Ja gerne, ich habe heute noch keinen getrunken!“

Ich beobachtete, wie er das hier übliche Getränk zubereitete. Gründlich leerte er die Rattenköpfe über einer Metallplatte und zermalmte die glitschigen Hirne mithilfe einer großen Schraube. Er sammelte die gelbliche Flüssigkeit und mischte sie sorgfältig mit etwas Regenwasser. An jenem Tag wirkte der Proka schnell. Ich setzte mich ihm im Schneidersitz gegenüber und fühlte, wie mir das Blut in den Adern kochte. Ich konnte seinen Herzschlag ganz genau hören. Wir tranken aus, seine Augen leuchteten wie das Feuer, das das Ragout meiner Mutter garte. Ich wusste, dass meine Augen dasselbe Licht ausstrahlten. All das war dem Proka zuzuschreiben. Hier konnte niemand darauf verzichten.

- „Ich glaube, dass die Alten keinen mehr trinken sollten. Meine Mutter sagt, dass sie wahnsinnig wurden, nachdem „es" passierte. Ich aber glaube, dass sie zuviel Proka trinken."

Er hielt seinen langen Bart und lachte:

- „Du bist lustig, Kleine, und du hast recht. Damals hätte man das Ganze ins Labor geschickt, man hätte die Wirkungsmechanismen verstanden, und ein Gesetz wäre verabschiedet worden, das den Prokakonsum verboten hätte. Einige einflussreiche Personen hätten ihn illegal verkauft und hätten unglaublich viel Kohle gemacht."

Ich habe die Augen weit aufgerissen. Ich verstand natürlich, dass ich die Einzige war, die nichts davon wusste, was damals gewesen war. Ich war die „Kleine", und sie waren alle mindestens dreißig Jahre älter als ich. Niemand wollte über die Vergangenheit sprechen: unter denjenigen, die weinten, und denen, die im Schweigen verharrten, blieb ich alleine mit meinen Fragen zurück. Ich erkannte, dass Deremit zu meinem *Wahrsager der Vergangenheit* werden würde und bestand darauf, dass er mir die alten Geschichten täglich immer wieder erzähle. Nachdem ich sein Versprechen erhalten hatte, lief ich zur Gemeinschaft zurück. Als ich ankam, verteilte meine

Mutter das Ragout unter den anderen, die sich um das Feuer versammelt hatten.

Jeden Tag um dieselbe Uhrzeit bestieg ich den westlichen Metallberg und ging zu Deremits Hütte. Ich brachte ihm Portionen des Ragouts, das meine Mutter ihm zubereitete, oder Ratten, die ich am Morgen gefangen hatte. Ihm gegenüber sitzend, trank ich seinen Proka und hörte ihm zu. Er erzählte mir unglaubliche Dinge, beschrieb mir Landschaften, deren Farben ich mir kaum vorstellen konnte oder skurrile Gegenstände, die er früher benutzt hatte. Ich lachte laut, wenn er mir erzählte, dass, bevor „es" passierte, Maschinen im Himmel flogen, an deren Bord Dutzende von Personen saßen. Ich hatte noch nie so viele Menschen auf einmal gesehen. Seit meiner Geburt kannte ich nur die vierundzwanzig Mitglieder unserer Gemeinschaft. Alle behaupteten, wir seien alleine auf der Welt, aber Deremit berichtete über Millionen Menschen, die einmal über die Erde zerstreut gewesen waren.

– „Sag mal, Deremit, wo sind denn all diese Menschen?"

Er seufzte und fuhr sich mit zittriger Hand über das Gesicht.

– „Ich weiß es nicht, Kleine. Ich kann dir keine Antwort geben. Innerhalb einer Nacht hat die Welt ihren Kurs geändert. Innerhalb einer Nacht … Ich wachte auf und wollte meinen Augen nicht glauben: alles war verschwunden … Beinahe alles."

Er schüttelte den Kopf und lächelte:
– „Damals interessierte man sich sehr für die Vermehrung der Ratten und für die Widerstandsfähigkeit ihres Immunsystems. Tja … Nun lebe ich in einer metallischen Wüste voller Ratten."
– „Wie hast du früher gelebt?"
– „Das ist der größte Scherz. Ich war ein renommierter Astrologe. Ich las die Zukunft, Schicksale in den Sternen. Ich habe dir doch schon erklärt was Sterne waren?"
– „Ja, kleine leuchtende Punkte im Himmel, die man mit bloßen Augen sehen konnte, wenn es Nacht wurde."
– „Ja, so etwa. Nun, die Sterne sind verschwunden, oder man kann sie nicht mehr sehen. Der Himmel ist tagsüber grau und nachts ist er schwarz, aber von dem, wofür ich lebte, ist keine Spur mehr. Das ist doch ein starkes Stück … Ich lebte gut, verdammt noch mal, ich hatte Frauen, mit langen dünnen Beinen, mit weichem Haar und zarter Haut … Entschuldige, Kleine, es ist nicht einfach, über all das zu sprechen. Meine Frauen …"
Bei seinem Blick wusste ich, dass er seine Frauen sah, und dass er sie vermisste. Ich blieb still; ich hatte es gelernt, die schmerzhaften Momente zu respektieren, in denen die Erinnerungen hochkamen, um die Seelen zu foltern. Nachts in meiner Ecke liegend war es für mich nicht selten, meine Mutter weinen zu hören. Sie gab sich Mühe, ihre Pein zu verbergen, aber nie-

mand, auch nicht sie, konnte die Verzweiflung geheimhalten, die an jedem Blick haftete.

Eines Tages fragte ich Deremit:
- „Kennst du den Geruch meiner Mutter?"
- „Ja …"
Er wirkte verunsichert. Sein Blick trübte sich, aber vielleicht hatte er auch schon zuviel Proka getrunken, immerhin war er bei seinem fünften Glas.
- „Sie ist die Einzige, die so riecht … Wenn sie sich nähert, möchte ich in sie eintauchen, um ein bisschen von diesem Geruch zu behalten. Alle riechen sie gern, wenn sie das Ragout kocht oder die Wäsche im Metallpark zum Trocknen legt. Ich sehe doch, wie sie sich freuen und die Hand auf die Brust legen.
- „Ja, Kleine, deine Mutter hat über die Jahre den Geruch der Vergangenheit beibehalten. Ich nehme an, dass sie sich in der Nacht parfümiert hatte, in der alles geschah. Dieser Geruch ist nie verflogen. Ich weiß nicht warum. … Wir suchen nicht mehr nach den Ursachen. Schon lange nicht mehr …"
Er erklärte mir, wie Parfums entworfen wurden, sprach über Blumen, Bäume, Felder. Es musste etwas Wunderbares gewesen sein. Dann erzählte er mir aber, dass die Menschen nicht mehr in der Lage gewesen waren, zusammen zu leben, ohne sich zu bekriegen. Sie hatten schließlich fast alle Blumen, alle Bäume und Felder zerstört. Die Städte wuchsen unter Bombeneinschlägen, niemand spazierte noch Hand in Hand, und die Anzahl derjenigen, die

Nichts mehr besaßen, wurde jedes Jahr größer. Er fuhr fort und sagte, dass Sex und Geld die Kommunikationsmittel des Herzens ersetzt hatten. Ich schwieg und hörte seinen Worten genau zu. Was er mir erzählte, blieb mir aber unverständlich.

– „Die gesamte Gesellschaft basierte auf einem System der Sklaverei. Jeden Tag vor meiner Tür, da starb ein Kind, eine Frau oder irgendjemand in der allgemeinen Gleichgültigkeit. Ich war ein Privilegierter, ich habe mitgemacht. Ich war unglücklich, wollte aber das Gegenteil glauben. Ich versuchte, meinen Platz in dem Tanz einzunehmen, aus der Angst, auch ich könnte eines Morgens auf dem leeren Bürgersteig einer überbevölkerten Stadt sterben … Um ehrlich zu sein, Kleine, ich bin gar nicht so unglücklich darüber, dass es geschehen ist. Ich vermisse gewisse Dinge aus der Vergangenheit, aber hier bin ich frei. Und doch würde ich alles geben, um den Schlüssel zu finden, der uns hier herausführt."

Er zeigte mir die Umgebung seiner Hütte: Metall, Gestein und trockenes Holz soweit das Auge reichte … Ab und zu eine Ratte, die hinter einem Schotterhaufen verschwand. Ich kannte nichts als das und liebte diese Landschaft mit aller Kraft, ich fühlte mich frei, glücklich, und mir wurde bewusst, dass ich die Einzige war, die unsere Erde schätzte.

Im Rhythmus der Rattenjagd und meiner Treffen mit Deremit verstrichen die Jahre. Ich wuchs heran. Von den vierundzwanzig Mitgliedern unserer Gemeinschaft waren fünfzehn übrig geblieben. Die Leichnahme der Toten waren ein paar Kilometer nördlich des Lagers gebracht worden. Aus Metallplatten war ein Bau errichtet worden, wo man sie niedergelegt hatte. Meine Mutter hatte die Namen der Verstorbenen auf die Platten eingeritzt. Jedes Mal kehrten wir zum Lager zurück, ohne ein Wort zu sagen. Meine Mutter weinte und hielt meine Hand fest. Ich spürte, wie sie neben mir zitterte. Ich verstand ihre Trauer und ihre Ängste.

Oft hatte ich gehört, wie Deremit in seinen Bart murmelte:
– „Die Wahrheit … Gottes Wille … Ich weiß nicht, was es bedeutet. Ich weiß nicht mehr. Ich weiß Nichts. Das Leben, der Tod, die Weisheit der Alten … Haben sie denn gewusst, dass diese Nacht kommen würde?“
Manchmal schienen ihn diese Fragen zu quälen. Er trank Proka bis zur Besinnungslosigkeit, legte sich schaudernd auf sein Schlaflager, schäumender Speichel lief aus seinem Mundwinkel. Ich wusste, dass niemand hier noch an eine wohlwollende Gottheit glaubte. Ich war die Einzige, die der Zukunft noch vertraute, und auch wenn ich von Natur aus fröhlich war, machte mich diese Aussicht auf unvermeidliche Einsamkeit seit einiger Zeit traurig.
Meine ersten Tränen sind zu meinem vierzehnten Geburtstag geflossen. An diesem Tag wachte ich mit einem seltsamen Gefühl im Bauch auf. Etwas war anders … Ich war alleine im Raum, der Duft meiner

Mutter hing in der Morgenluft. Er war ungewöhnlich stark. Ich roch meine Hand und brach sofort in Tränen aus. Ich wusste von meiner Mutter, dass ich nie geweint hatte. Das hatte sie gewundert, weil Neugeborene und kleine Kinder oft weinten, bevor „es" geschehen war. An jenem Morgen, da war ich vierzehn, meine Haut roch nach demselben süßlichen Duft, wie der meiner Mutter, und ich weinte. Mit tränenüberströmtem Gesicht stand ich auf. Ich lief zum Metallpark, wo meine Mutter mit einigen Mitgliedern der Gemeinschaft mit der Wäsche beschäftigt war, eigentlich ein paar Fetzen aus Rattenfell, mit denen wir gewisse Teile unseres Körpers bedeckten.

- „Maman, maman!"

Sie hob den Kopf und ich warf mich in ihre Arme. Sofort roch sie den Duft, der aus meinem Körper ausdünstete. Sie packte mich an den Schultern, schaute mich an und flüsterte:

- „Und du weinst …"

Die anderen traten näher, sie rochen an mir und betrachteten mich mit großen Augen. Die dicke Lili lachte aus voller Brust und hielt ihren dicken Bauch. Mit ihrer grölenden Stimme sagte sie:

- „Na seht ihr, Leute, es passiert doch noch etwas in diesem verdammten Land. Seit Jahren vegetieren wir wie Schweine im Dreck und in der Kälte, essen Rattenfleisch jeden Tag, den Gott – Entschuldigung, den der Teufel uns beschert … Heute ist die Kleine vierzehn geworden, sie duftet nach Rosen und weint …

Und wisst ihr was? Das macht mich richtig glücklich.“

Sie nahm mich in die Arme, küsste mich auf beide Wangen und rief:

– „Alles Gute zum Geburtstag, Kleine!“

Ich lächelte; die dicke Lili war eine echte Naturgewalt. Seit vierzehn Jahren aß sie wie wir nur Rattenfleisch, hatte aber kein Gramm abgenommen, und das war ein ständiger Anlass zum Scherzen unter den Mitgliedern der Gemeinschaft. Meine Mutter hatte inzwischen ihre Wäsche eingepackt und kündigte an:

– „Wir gehen zum Eremit … Vielleicht hat er eine Erklärung dafür.“

Ich sah, dass niemand, nicht einmal sie, wirklich glaubte, dass Deremit solch ein Rätsel erklären könnte. Soweit ich wusste, hatte meine Mutter den westlichen Metallberg nie erklommen und Deremit nie besucht. Ich freute mich so sehr darauf, mit den zwei wichtigsten Personen meines Lebens zusammen Proka zu trinken. Wir machten uns auf den Weg, die anderen hatten sich zu einem Halbkreis versammelt, und schauten zu, wie wir losgingen. Ihre Gesichter waren ernst, aber ich spürte die Hoffnung, die die Veränderung meines Wesens in ihnen erweckt hatte.

Auf dem schwierigen Weg, der zu Deremits Hütte führte, sprach ich mit meiner Mutter, die hinter mir vor Anstrengung stöhnte:

– „Sag mal, Maman, … Was denkst du darüber?“

Sie hielt an, und schenkte mir ein breites Lächeln. Ihr Gesicht strahlte einen so milden Ausdruck aus, dass ich vor ihr auf die Knie fiel. Mit ihrer leichten Hand, streichelte sie mir das Haar.

– „Die dicke Lili hat nicht unrecht, Kleine, du bist die Einzige, die sich verändert. Wir werden alle alt, das ist klar, einige sind gestorben und wir alle werden sterben, aber dieser Geruch auf deinem Körper, wie auf meinem, das ist verwirrend … Warum heute, am Tag deiner Geburt, vierzehn Jahre nach dieser unerklärbaren Nacht, die uns in diese Welt geschleudert hat? Warum diese Tränen? Es muss eine Erklärung dafür geben!"

Sie ging auch vor mir in die Knie und schaute mir tief in die Augen. Sie sagte:

– „Kleine, ich war die einzige Schwangere in jener Nacht. Du wurdest erst ein paar Stunden nach all dem geboren."

Sie zeigte auf die Umgebung.

– „Ich bin auf einer Metallplatte aufgewacht, ich war alleine, es war dunkel und die Schmerzen, die deine Geburt ankündigten waren unerträglich. Ich habe stundenlang geschriehen. Ich konnte nicht aufstehen, dazu fehlte mir die Kraft. Kilometerweit hat die dicke Lili mein Geschrei gehört, sie hat mich irgendwann gefunden und wir haben dich zur Welt gebracht."

Durch ihre Tränen starrte sie mich an. Ich erschauderte.

– „Kleine, du lagst in meinen Armen, an meiner Brust hängend, die Nacht machte dem grauen Himmel Platz, den du so gut kennst. Ich kannte nur die Sonne, die Wärme meines Bettes, das fröhliche Blubbern der Kaffeemaschine … Ich schaute um mich herum und dachte, ich müsste wahnsinnig werden. Die dicke Lili brüllte, erhob die Faust gegen den Himmel und warf mit Steinen um sich. Wir waren alle drei auf dieser Metallplatte, die noch warm war von dem Blut, das ich verloren hatte … Wir beteten, es möge doch nur ein Traum sein … Oh Gott, habe ich gebetet. Aber wir träumten nicht, es war die Wirklichkeit."

Sie stand wieder auf und rieb sich die Knie:

– „Im Laufe der Monate und der Jahre haben wir die Anderen getroffen, sie kamen aus dem Norden oder aus dem Süden, aber sie hatten nichts anderes gesehen, als Ratten, Metall, Steine und trockenes Holz. Wir haben beschlossen hier zu bleiben, da es woanders nichts mehr gab."

So leise, dass ich sie kaum hörte, sagte sie noch:

– „Vielleicht kennst du ja den Weg …"

Schweigend setzten wir unseren Aufstieg fort und kamen zu Deremits Hütte. Er stand vor seiner Tür und wartete auf uns.

– „Ich beobachte euch seit einiger Zeit und muss zugeben, dass meine Neugierde ihren Höhepunkt erreicht. Guten Tag … Madame."

Er verbeugte sich und küsste die Hand meiner Mutter. Ich glaube, dass sie zitterte und dass ihr Teint noch blasser wurde.
– „Hallo, Kleine, und alles Gute zum Geburtstag."
Er gab mir einen Kuss und roch wahrscheinlich meinen neuen Duft. Er schien überrascht zu sein, sagte aber nichts.
Er führte uns in seine Hütte und stellte die metallische Platte zurück, die ihm als Tür diente. Er hatte schon Proka in drei Gläser eingeschenkt und ein Feuer leuchtete in dem, was er seinen Kamin nannte. Ich setzte mich auf einen mit Rattenfell bezogenen Metallsockel und meine Mutter nahm neben mir Platz. Deremit warf trockenes Holz ins Feuer, setzte sich vor uns hin und schaute uns eine nach der anderen an. Die Stille um uns war magisch. Wir tranken unsere Gläser aus und eine wohltuende Wärme strömte durch unsere Körper. Meine Mutter fing an zu lachen: sie trank nur selten Proka und dieser versetzte sie in einen ungewöhnlich euphorischen Zustand. Deremit musste auch lachen und ich hielt mich nicht länger zurück. Ich glaube, dass sie uns selbst im Tal hörten.
Ich verstand in diesem Augenblick, dass ein heimlicher und mächtiger Bund zwischen meiner Mutter und Deremit existierte, den ich nicht definieren konnte. In ihrem Gelächter hörte ich aber ein Echo des Leidens, aus einer Verzweiflung heraus; ich hörte den Ruf ihrer Einsamkeiten.

Als erster wurde Deremit wieder ernst und stellte fest:

- „Die Kleine hat einen neuen Geruch. Deinen, Dryade!"

Wir schauten ihn an und nickten. Meine Mutter fragte:

- „Was bedeutet das, Simo?"

- „Ich weiß es nicht. Wie fühlst du dich, Kleine?"

- „Anders als gestern und die anderen Tage zuvor. Beim Aufwachen habe ich diesen Duft gerochen und zum ersten Mal geweint. Mir ist warm und ich fühle mich stark, lebendiger … Es ist schwierig zu erklären."

Sie warfen sich einen kurzen Blick zu.

- „Dryade, was ist unten los? Die Kleine berichtet mir über die Geschehnisse, aber du, was denkst du darüber?"

- „Die Männer haben sich nicht erholt, naja, einige haben uns verlassen. Die, die übrig geblieben sind, übergeben sich, wenn sie die toten Ratten sehen, aber lecken sich die Finger, wenn sie das Ragout essen. Alles beim alten, sie trinken täglich Unmengen von Proka, um nicht durchzudrehen. Die dicke Lili, Cécile und Meryem sind mir eine kostbare Hilfe, sie bleiben mit beiden Füßen auf dem Boden und lassen sich nicht hängen. Aber es ist schwer … Es ist schwer, den täglichen, nötigen Mut zu finden. Ich weiß nicht, Simo … Und das mit der Kleinen, heute, ich will nicht zu viel hoffen, aber ich kann nicht anders, als diese Veränderungen als gutes Zeichen zu betrachten."

– „Habt ihr euch weiter darum bemüht, Kinder zu zeugen?"

Meine Mutter seufzte und zuckte mit den Schultern. Ich machte die Augen weit auf, denn es wurde interessant.

– „Ja, aber es hat nichts gebracht. An der Unfruchtbarkeit unserer Körper kann nicht mehr gezweifelt werden."

Sie drehte sich um, um uns nicht mehr zu sehen, und ihre Stimme brach zusammen:

– „Simo, ich habe ihn unter einer dieser Platten begraben, weit im Norden. Ich habe ihn im sechsten Monat verloren, es war ein Junge. Deiner. Ich habe ihn Leo genannt. Seitdem sind alle meine Versuche erfolglos geblieben."

Ich atmete nicht mehr, meine Mutter suchte nach meiner Hand und drückte sie sehr fest, bevor sie sagte:

– „Die Kleine kann ein Kind tragen. Ich weiß es. Sie ist die einzige, die es kann."

Wieder schenkte uns Deremit drei Gläser Proka ein. Die Stille war drückend und ich dachte, dass keiner von uns jemals wieder sprechen würde. Ich versuchte mich zu sammeln, und zu verstehen, was vor sich ging.

– „Dryade, was kann die Geburt eines Kindes ändern?"

– „Wie soll ich es wissen? Was aber sollen wir machen? Du weißt doch, was uns passiert ist, ist absurd. Ist es dann absurd zu denken, dass ein Neugeborenes den Lauf der Dinge ändern kann?"
Er schwieg und sie fuhr fort:
– „Die Kleine ist glücklich. Hast du dich jemals gefragt, wie so etwas möglich ist? Sie ist die einzige Person, der ich vor und nach jener Nacht begegnet bin, die Frieden, Glück und Freude auf so natürliche Weise in sich trägt. Ihre Kinder werden glücklich … und sie wird nicht alleine bleiben. Ich werde alt und ich bin müde. Es geht uns allen so. Wir müssen es versuchen."
Sie stand auf und setzte sich mit dem Gesicht zum Feuer. Sie fuhr mit einem Stock durch die glühende Kohle:
– „Wir müssen es versuchen … Und du wirst der Vater sein. Ich will an eine Zukunft glauben, die anders aussieht als die Gegenwart. Ich will das Meer wieder sehen, und die Sonne auf meiner Haut wieder spüren. Ich will noch einmal den Geruch der Wälder riechen, und ich will das Blau des Himmels wieder sehen … Blau … Blau."
Sie weinte, es war, als ob sie nie wieder aufhören würde. Sie weinte und ich spürte ihre unendliche Sehnsucht, ihre unendliche Trauer.
– „Ich will den Duft der Blumen wieder einatmen. Ich will die Vögel im Himmel wieder zwitschern hören …"

Tränen liefen mir über das Gesicht, Deremit wendete sich mit seinem sanften Blick zu mir, er streichelte mir über die Wange:
- „Warum weinst du, Kleine?"
- „Ich weiß es nicht. Wenn ihr früher über die Erde, Bäume oder Blumen gesprochen habt, empfand ich bloß Neugierde, ich fand es schade, dass ihr alle darunter gelitten habt, ein Paradies verloren zu haben. Aber Deremit, du selbst hast es mir gesagt, die Menschen waren dort böse und verdorben, und all die schönen Sachen, die ihr vermisst, verschwanden eine nach der anderen. Heute weine ich, aber ich bin nicht aus demselben Grund traurig wie ihr. Ich weine wegen eurer Reue, dass ihr tatenlos zugesehen habt, wie das Meer, die Sonne, die Wälder starben. Ich möchte euch helfen, wenn ich es kann. Maman, ich wünsche dir, die Vögel wieder zu sehen, die du dir nie wirklich angeschaut hast, und ich möchte, dass die Sonne auf deiner Haut strahlt, die sie nie wirklich gewärmt hat … Und Deremit, ich möchte, dass du die Sterne wieder findest, die vielleicht keinen Sinn mehr haben, aber die dir seit vierzehn Jahren wirklich fehlen.
- „Und du, Kleine, willst du denn nichts davon sehen?"
Ich schüttelte den Kopf. Oft hatte ich mich gefragt, ob ich all die Dinge dieser Welt nicht sehen möchte, die ich nicht kannte.
- „Nein, Deremit. Ich will sie nicht sehen. Ich habe Maman und die dicke Lili, die mich lieben und mit

denen ich lachen kann. In der Gegend gibt es genügend Ratten, um jahrelang Ragout zu kochen. Ich mag Rattenragout … Und ich mag dich, so sehr wie Rattenragout oder vielleicht mehr."

Meine Mutter drehte sich zu mir, während ich sprach, hatte sie ihre Tränen weggewischt. Ich lächelte beide an, sie wirkten unentschlossen und ich nahm ihnen die Entscheidung ab:

– „Wir werden dieses Kind in die Welt setzen."

Sie überlegten.

– „Kleine, weißt du, was es bedeutet, ein Kind zu tragen?"

– „Ja, Maman hat es mir schon erklärt."

Ja, sie hatte es mir erklärt und ich wusste, dass ich soweit war. Es blieb mir nur eine wichtige Frage:

– „Was wird es aber für euch ändern? Ich hätte gerne ein Kind. Ich würde es auf die Jagd mitnehmen, es würde das lernen, was ich auch gelernt habe. Es würde ein glückliches Kind sein, aber was würde seine Geburt für euch ändern?"

– „Ach Kleine, damals hätte ich dir gesagt, dass die Sterne mit jedem Menschen etwas vorhaben. Heute weiß ich es nicht mehr. Seit vierzehn Jahren ist hier nichts mehr geschehen. Du bist gewachsen, wie ein Strahl der nun verschwundenen Sonne, einige Alte sind gestorben, ich habe weiße Haare bekommen und deine Mutter auch. Vielleicht sollen wir gläubig werden und auf das Kommen des neuen Messias warten, der uns den Weg zeigen und uns ins neue Paradies führen wird …"

Ich spürte, wie ihre inneren Stimmen göttliche Kräfte zur Hilfe baten. Ich spürte eine zürückgekehrte Hoffnung in ihren müden Herzen und ich wiederholte:
- „Wir werden dieses Kind zur Welt bringen. Ich bete dafür, dass es der Retter ist, auf den ihr wartet. Gebt euch die Hände und nehmt meine. Ich will mit euch beten."
Zum ersten Mal in meinem Leben flehte ich zu dem, was sie als Gott bezeichneten, er möge meine Mutter, Deremit und die anderen Mitglieder der Gemeinschaft erlösen. Ich tat es für sie, weil ich nicht an diese seltsame Zeremonie glaubte. Doch ich freute mich zu sehen, dass dieses Ritual ihnen Kraft, Glück und Frieden schenkte. Aber, ich freute mich noch mehr darauf, ein Kind zu machen, und meine linke Hand zitterte vor Aufregung in der von Deremit.

Später verließ uns meine Mutter. Ich sah, wie sie in Richtung des Lagers den Berg hinunter stieg, die Steine des steilen Weges rollten unter ihren Füßen. Es kam mir vor, als ob eine schwere Last sie erdrückte.

Ich blieb alleine mit Deremit. Er fühlte sich nicht wohl, ich konnte es sehen. Ich vermutete, dass er mit seinen Hemmungen kämpfte. In den langen Gesprächen, die wir hatten, hatte er mir seine ethischen Vorstellungen mitgeteilt … Aber es war früher, nicht hier und nicht heute. Ich lief bis zu der Stelle, an der er seine Regenwasserreserve aufbewahrte. Dort rieb ich meinen Körper mit einem flachen Stein ab, ich wusch mein Haar und band es mir im Nacken zusammen. Ich sah eine Ratte ein paar Meter entfernt von mir und rief zu ihr:

- „Du hast Glück, Kleine, ich habe etwas Wichtigeres zu tun, als hinter dir her zu rennen! Aber wir sehen uns Morgen, in einer Woche oder in einem Monat."

Ich schaute zum Himmel, der langsam dunkel wurde. Ich ließ mein Rattenfell liegen und nackt, frei und neugierig ging ich zu Deremit zurück. Er saß immer noch an der gleichen Stelle. Ich bereitete einen starken Proka zu. Während ich die Rattenköpfe leerte, schaute ich ihn an. Wir tranken, ich küsste ihn und wir tranken wieder. Er zog sich aus, ging zu einer Ecke seiner Hütte und holte einen Topf.

- „Ich habe diesen Proka vor einigen Wochen schon vorbereitet. Jetzt ist die Gelegenheit ihn zu probieren."

- „Ja, lass ihn uns probieren."

Ich lachte nie soviel wie in dieser Nacht. Wir sangen, machten Musik mit Steinen und Metall. Wir tanzten und streichelten uns.

Ich spürte seinen Samen tief in mich fließen. Dankbar sank mein Körper zusammen, ich verlor das Bewusstsein.

Als ich erwachte, erkannte ich das besorgte Gesicht meiner Mutter, das über mich gebeugt war. Ich lag auf der Liege von Deremit. Ich lächelte:
- „Es ist alles gut gegangen, Maman."
- „Ich weiß ..."
Etwas an ihrer Stimme verunsicherte mich. Ich legte die Hände auf meinen Bauch und wollte nicht glauben, was ich spürte. Ich warf die Decke zurück und mein Bauch trat hervor, riesig, rund, die Haut zum Platzen gespannt. Meine Brust war doppelt so groß geworden und es war nicht daran zu zweifeln, dass ich schon in mir die Frucht trug, für die wir gebetet hatten.
Sie sagte:
- „Du schläfst seit dreiundzwanzig Tagen. Dein Bauch ist unaufhörlich gewachsen und ich glaube, dass du bald das Kind, das du trägst, zur Welt bringen wirst. Ich verstehe nicht ... Dein Körper ist für uns ein wahres Mysterium."
- „Ein Mysterium? ... Ein Fluch, ja! Hier ticken die Uhren nicht mehr richtig ... In dieser verdammten Gegend, in diesem gottverdammten Rattenloch ..."
Ich erkannte die kräftige Stimme der dicken Lili, sie kam zu mir und küsste mich auf die Stirn. Ich sagte nichts, ich war müde, ich schlief wieder ein. Als ich aufwachte, wusste ich, was mich erwartete. Heftige Träume hatten meinen Schlaf begleitet, eine neue Klarheit überwältigte meine Gedanken, ich würde irgendwann mit den anderen reden müssen und es würde Anlass für neue Tränen sein. Doch fühlte ich

mich friedlich und ausgeglichen wie nie zuvor. Lili kam zu mir:

– „Mach dir keine Sorgen, Kleine, ich werde dir helfen, dein Kleines in die Welt zu setzen und …“

Ich unterbrach sie, bevor sie wieder damit anfing, meine Erde und die meiner Kinder zu verdammen.

– „Danke, Lili. Aber vielleicht wirst du mehr Hilfe benötigen als ich. Ich werde sie alle bekommen, wenn es soweit ist … Es sollte nicht mehr lange dauern.“

Meine Mutter, die gerade hereinkam, schaute mich ganz verdutzt an:

– „Was sagst du denn da, Kleine? Alle? Wie, alle? Was meinst du damit?“

– „Es sind mehrere, Maman. Sie teilen sich in Frieden meinen Bauch, mein Blut … Und es wird alles gut gehen. Ich weiß es.“

Zwei Tage später kamen die Wehen, die Entbindung dauerte ein paar Stunden, und ich litt keine Minute. Ich brachte sieben Kinder zur Welt, sechs Mädchen und einen Jungen. Ich war sehr stolz. Von meiner Mutterschaft erfüllt, fühlte ich mich unbesiegbar.

Nach der Geburt erfuhr ich von meiner Mutter, dass der Tod während meines ungewöhnlich langen Schlafes die meisten Mitglieder unserer Gemeinschaft mit sich gerissen hatte. Sie hatte sich entschieden zu warten, um es mir zu sagen, da sie mir keinen Kummer bereiten wollte, bevor ich die Geburt überstanden hatte. Sie konnte nicht wissen, dass ich mit so etwas gerechnet hatte, und diese Nachricht beunruhigte mich nicht ein bisschen. Es blieben nur noch Deremit, die dicke Lili und meine Mutter. Natürlich waren jetzt meine Kinder da …

Einmal wurde ich nachts von einem Geflüster wach. Ich belauschte meine Mutter, wie sie am Feuer zu Deremit und der dicken Lili sagte:
– „Unsere Tage sind gezählt, es nutzt nichts, zu hoffen oder zu glauben. Es ist vorbei. Ich habe mich vertan, die Kinder der Kleinen sind keine Retter sondern die Glieder einer Kette der menschlichen Evolution. Eine neue Ära fängt nun an … Ohne uns."
Sie brach in Tränen aus, ich hörte die dicke Lili schluchzen, Deremit schwieg. Ich stand auf und ging zu ihnen. Ich nahm meine Mutter in die Arme. Sie wirkte so schwach, so zerbrechlich, es rührte mich nicht und ich staunte über diese neue Gleichgültigkeit. Ich sprach ganz leise:
– „Ich habe nie an die Ankunft eines Gotteskindes geglaubt. Es tut mir für euch leid. Ihr seid die prähistorischen Menschen, von denen ihr mir erzählt habt. Die Welt hat ihren Lauf geändert, mein Körper ist anders als eurer, der Körper meiner Kinder anders als meiner. Ich weiß bloß eins: ihr tragt euer Leben wie eine zu schwere Last, ich aber fühle mich leicht wie die Luft, die ich atme. Ihr weint und ich will nur lachen, ihr sucht nach einem Sinn für alles, was ihr erlebt, ich suche nur nach dem Leben. Ich liebe euch drei, doch seit der Geburt der Kleinen fühle ich mich

immer freier. Manchmal scheint es mir, als ob ich mich schon von euch verabschiedet hätte. Maman hat Recht, eure Tage sind gezählt, und deswegen spreche ich jetzt."

Sie erschauderten, ich schaute Deremit an:

- „Ich will weitere Kinder, bevor ihr verschwindet. Du musst mir welche schenken."

Ich legte meinen Kopf in seinen Schoß und wartete. Meine Mutter und Lili ließen uns alleine.

Wir tranken viel Proka, doch lachten wir nicht, wir tanzten auch nicht und kein Gesang kam über unsere Lippen. Als ich seinen Samen in mich fließen spürte, sah ich Deremit zum ersten Mal weinen.

Dreiundzwanzig Tage später wachte ich im süßen Geruch meiner Haut auf. Meine Kinder waren gewachsen und leckten mir das Gesicht. Meine Mutter, die dicke Lili und Deremit waren nicht mehr da. Ich wusste, dass sie gestorben waren. Ich streichelte meinen riesigen Bauch und schloss die Augen. Alles war bestens auf dem Planeten Erde.

DEREMIT

Les vieux pleuraient à tout bout de champ, en tirant des mines pitoyables. Je crois qu'ils n'aimaient pas le ragoût de rat. Lorsque je partais à la chasse dans les régions du Sud, ils touchaient du doigt leurs fronts, leurs ventres et leurs épaules en criant « Amen ! » et se jetaient à genoux en regardant le ciel. Je trouvais cela très drôle mais je ne riais plus lorsque je revenais au camp, fière de mes prises, tenant les rats par la queue. Ils les regardaient d'un air dégoûté et vomissaient par terre en grimaçant. J'en étais vexée. Ils n'avaient qu'à y aller, eux, ramper dans la caillasse et se creuser la cervelle pour prendre ces bestioles qui inventaient chaque jour de nouvelles attrapes pour se payer ma tête. Je les laissais se morfondre et je les entendais murmurer :
– « Rôti de veau! »
– « Ratatouille! »
– « Un petit bout de fromage! »
– « Pommes de terre sautées! »
Ils bavaient en parlant et du haut de mes six ans, je les trouvais dégoûtants. Ma mère me disait que les vieux étaient devenus fous après « ça ». Surtout les hommes. Elle disait qu'à force de vouloir vivre trop bien avant que « ça » n'arrive, ils étaient devenus fous d'avoir tout perdu. Et elle ajoutait :
– « Pourtant, ils sont en vie. Ils devraient y penser un peu plus souvent. »
Ma mère était la cuisinière de notre communauté. Je lui apportais mes rats et ses yeux brillaient de fierté à

la vue des rongeurs, elle me prenait dans ses bras et me complimentais:
– « Bravo, Petite, avec toi il y a de l'espoir. »
Quand elle me parlait comme cela, j'aurais pu fondre sur place, mon cœur battait fort et une chaleur puissante embrasait mon corps, j'aurais pu repartir sur le champ sur mes guibolles fatiguées et trop maigres pour attraper les rats les plus forts et les plus gros. Mais je restais près d'elle, je la regardais couper les queues et les têtes, les petits tas de viande et d'os débarrassés de leurs poils disparaissaient dans la grande marmite en faisant des « plocs » retentissants. Ma mère souriait en remuant le ragoût à l'aide d'une branche et dans l'odeur de la viande, je sentais son odeur à elle, toujours la même, sucrée, chaude, envoûtante.
Je me demandais depuis longtemps d'où ma mère la tenait. Mais lorsque je posais des questions, tous se taisaient ou bien quelques uns fondaient en larmes en poussant des cris désespérés. C'était à en devenir folle. Je savais que sur la colline métallique de l'Ouest vivait un membre de la communauté qui avait décidé quelques années auparavant de vivre seul, j'entendais parfois les autres parler de lui et j'étais curieuse de le rencontrer. Un après-midi, j'ai enveloppé une portion de ragoût dans une de mes sacoches en peau de rat et je me suis préparée à la route qui menait à sa cabane. Lorsque j'y suis arrivée, j'ai crié :
– « Lhermite ! Lhermite ! »
Il a répondu d'une voix douce et amicale :
– « Je suis là, Petite, mais je ne m'appelle pas Lermite, mon nom est Simo. »

Il m'a caressé la tête d'un air songeur.
– « D'accord, Simo, mais en bas ils t'appellent tous Lermite, pourquoi ? »
– « Parce que je vis seul, retiré de toute société humaine. Chacun peut venir me trouver, je ne cherche personne. Je suis un ermite pour les gens d'en bas. »
– « Non … Non, ils ne disent pas un ermite, ils disent Lermite. »
– « Ermite, Lermite … Simo … Ce n'est pas très important, Petite, fais comme tu l'entends. Je m'apprêtais à faire du proka, tu en veux aussi ? »
– « Oh oui ! Je n'en ai pas encore bu aujourd'hui. »
Je l'ai observé préparer notre boisson habituelle. Il a vidé délicatement les têtes de rats sur une plaque de métal et a écrasé les cerveaux gluants à l'aide d'une grosse visse. Il en a récolté un liquide jaunâtre qu'il a mélangé soigneusement à un peu d'eau de pluie. Ce jour-là, le proka a agi rapidement, je me suis assise en tailleur face à Lermite, je sentais mon sang bouillonner dans mes veines, et j'entendais parfaitement les battements de son cœur. On a fini nos verres et ses yeux luisaient comme les flammes qui chauffaient le ragoût de ma mère, loin là-bas, dans la vallée. Je savais que mes yeux lancaient les mêmes éclairs. Tout cela était dû au proka. Ici, personne ne pouvait s'en passer.
– « Je crois que les vieux devraient arrêter d'en boire. Ma mère dit qu'ils sont devenus fous après « ça », moi je crois qu'ils boivent trop de proka. »
Il a ri très fort.
– « Tu es drôle, Petite, et tu as raison. À l'époque on en aurait envoyé quelques échantillons dans un laboratoire, on en aurait compris les effets et une loi se-

rait sortie, en interdisant la consommation. Quelques personnes influentes l'auraient vendu illégalement et se seraient fait un fric incroyable. »
J'ai ouvert de grands yeux. Je comprenais bien sûr que j'étais la seule à ne pas savoir ce qu'ils avaient vécu. J'étais la « Petite » et ils étaient tous d'au moins trente ans mes aînés. Personne ne voulait parler du passé, entre ceux qui pleuraient et ceux qui restaient figés dans le silence, je restais seule avec mes questions. J'ai compris que Lermite serait mon diseur de passé et, en espérant qu'il y consente, j'ai insisté pour qu'il me raconte encore et chaque jour les histoires anciennes. Il me l'a promis et je suis retournée au camp où ma mère servait déjà le ragoût aux mangeurs rassemblés autour du feu.

Chaque jour à la même heure, j'escaladais la colline métallique de l'ouest et retrouvais Lermite dans sa cabane. Je lui apportais des parts de ragoût que ma mère préparait pour lui ou bien des rats que j'avais chassés dans la matinée. Assis l'un face à l'autre, nous buvions du proka et je l'écoutais parler. Il me racontais des choses incroyables, me décrivait des paysages aux couleurs que j'avais peine à imaginer et des objets qu'il avait utilisés autrefois. Je riais aux éclats lorsqu'il m'expliquait qu'avant « ça », des machines volaient dans le ciel avec à leurs bords des dizaines de personnes. Je n'avais jamais vu autant de gens réunis, je ne connaissais depuis ma naissance que les vingt-quatre membres de notre communauté. Tous disaient que nous étions seuls au monde. Mais Lermite me parlait de millions d'humains éparpillés sur la Terre.

– « Dis-moi, Lermite, ils sont où, tous ces gens? »
Il a poussé un soupir et a passé une main tremblante sur son visage.
– « Je ne sais pas, Petite. Je ne peux pas te répondre. En une nuit, le monde a changé son cours. En une nuit … Je me suis réveillé, je ne voulais pas en croire mes yeux. Tout avait disparu … Enfin, presque. »
Il a secoué la tête en souriant.
– « À l'époque, on s'intéressait beaucoup à la prolifération des rats et à la force de leur système immunitaire. Et bien voilà … Je vis à présent dans un désert métallique peuplé de rats. »
– « Comment tu vivais, toi, avant ? »
– « C'est la plus grande blague de mon existence. J'étais un astrologue renommé, je lisais l'avenir, les destinées humaines dans les étoiles. Je t'ai déjà expliqué ce qu'étaient les étoiles ? »
– « Oui, des petits points brillants dans le ciel, qu'on pouvait voir à l'œil nu quand la nuit tombait. »
– « C'est à peu près cela. Mais voilà, les étoiles ont disparu ou bien on ne peut plus les voir. Le ciel est gris le jour et noir la nuit, mais il n'y a plus une trace de ce qui représentait ma raison de vivre. C'est quand même fort … Je vivais bien, je connaissais des femmes aux jambes fines et longues, à la peau de satin et à la chevelure douce et soyeuse. Excuse-moi, Petite, il n'est pas facile de parler de tout cela. Mes femmes … »
Il regardait droit devant lui, je savais bien qu'il voyait ses femmes et qu'il les regrettait. Un instant, je suis restée silencieuse, j'avais appris à respecter les moments douloureux où les souvenirs surgissaient pour torturer les âmes. Allongée la nuit dans mon

coin, il n'était pas rare que j'entende ma mère pleurer. Elle se donnait de la peine pour cacher son chagrin mais personne, ni même elle, ne pouvait dissimuler le désespoir accroché dans chaque regard.

Un jour, j'ai demandé à Lermite :
– « Tu connais l'odeur de ma mère ? »
– « Oui… »
Il a eu l'air troublé, son regard s'est voilé, mais c'était peut-être dû au proka, il en était à son cinquième.
– « Elle est la seule à sentir comme cela … Quand elle s'approche, j'ai envie d'enfouir ma tête en elle pour recueillir un peu de cette odeur. Tous aiment la sentir ; lorsqu'elle fait le ragoût ou étend du linge dans le métalparc, je vois bien comme ils se réjouissent et se tiennent le cœur. »
– « Oui, Petite, ta mère est la seule à garder depuis des années un parfum du passé. Je suppose que, lors de cette nuit où tout est arrivé, elle avait dû se parfumer. Cette odeur ne l'a jamais quittée. Je ne sais pas pourquoi … Nous ne cherchons plus le pourquoi des choses. Depuis longtemps déjà… »
Il m'a expliqué de quelle façon étaient conçus les parfums, il m'a parlé de fleurs, d'arbres, de champs. Cela avait dû être quelque chose de merveilleux. Et puis il m'a raconté que les hommes n'étaient plus capables de vivre ensemble sans se combattre de tous côtés. Ils avaient fini par détruire presque toutes les fleurs, tous les champs, tous les arbres. Les villes grandissaient sous des bombes qui explosaient un peu partout, plus personne ne marchait main dans la main et le nombre de ceux qui ne possédaient plus rien augmentait d'année en année. Il a poursuivi en

disant que le sexe et l'argent avaient remplacé les modes de communication du cœur. Je ne disais rien, j'écoutais et je ne comprenais pas ce qu'il me racontait.
- « Toute notre société était fondée sur un système d'esclavage et chaque jour un enfant, une femme ou un homme mourait devant ma porte dans l'indifférence générale. J'étais un privilégié, j'ai joué le jeu. J'étais malheureux mais je voulais croire le contraire. Je m'efforçais de prendre ma place dans la ronde par peur de mourir un matin sur le trottoir désert de cette ville surpeuplée. »
Il s'est tu un instant et puis a repris :
- « Si tu veux savoir, Petite, je ne suis pas mécontent que ce soit arrivé. Je regrette certaines choses du passé mais ici, d'une certaine manière je suis libre. Pourtant, je donnerais tout pour trouver la clef qui nous aide à sortir de ce décor. »
Il a ouvert les bras et m'a montré les alentours de sa cabane: du métal, des pierres et du bois mort à perte de vue. Parfois, on pouvait voir un rat disparaître derrière un amas de cailloux. Moi, je ne connaissais que cela et j'aimais ce paysage de toutes mes forces, je m'étais toujours sentie libre, heureuse et je me suis aperçue que j'étais la seule à aimer et respecter profondément la terre sur laquelle nous vivions.

Au rythme de la chasse au rats et de mes rencontres avec Lermite, les années s'écoulaient. Je grandissais. Des vingt-quatre membres de notre communauté, il en restait quinze. On avait porté les corps des morts à quelques kilomètres vers le Nord. On avait construit un abri à l'aide de plaques de métal, où on les

avait déposés. Ma mère avait gravé sur les plaques les noms des disparus. Chaque fois, on revenait au camp en silence, ma mère pleurait et me tenait fermement la main. Je la sentais trembler à mes côtés. Je comprenais son chagrin et ses peurs. J'avais souvent entendu Lermite marmonner :
– « La vérité … La volonté de Dieu … Je ne sais pas ce que cela signifie. Je ne sais plus. Je ne sais rien. La vie, la mort, la sagesse des anciens … Est-ce qu'ils ont su que cette nuit allait arriver ? »
Lorsque ces questions le torturaient trop, il buvait du proka à en perdre conscience et s'allongeait en frissonnant sur sa couche, un peu d'épaisse salive blanche coulait au coin de ses lèvres. Je savais qu'ici, plus personne ne croyait plus en une bienfaisante divinité. Et puis, j'étais la seule à croire en l'avenir et si je bénéficiais d'une nature joyeuse, cette promesse de solitude me rendait triste depuis quelques temps. Mes premières larmes ont coulé le jour de mon quatorzième anniversaire.
Ce matin-là, je me suis réveillée avec une drôle de sensation dans le creux du ventre. Quelque chose était différent … J'étais seule dans la pièce, le parfum de ma mère flottait dans l'air matinal, mais c'était une odeur intense, inhabituelle. J'ai porté ma main à mon visage et j'ai senti ma peau. Au même moment, de grosses larmes ont jailli de mes yeux, roulant sur mes joues et des sanglots incontrôlables m'ont serré la gorge. Je savais, car ma mère me l'avait dit, que je n'avais jamais pleuré, elle s'en était étonnée, d'ailleurs, car avant, les nouveaux-nés et les petits enfants pleuraient souvent. Ce matin-là, ma peau

sentait la même odeur sucrée que celle de ma mère et je pleurais.

Je me suis levée et j'ai couru jusqu'au Métalparc où ma mère et quelques membres de la communauté s'occupaient de notre linge, les quelques bouts de peau de rat qui servaient à cacher certaines parties de nos corps.

– « Maman ! Maman ! »

Elle a levé la tête et je me suis jetée contre elle. Elle a senti immédiatement le parfum se dégageant de mon corps, elle m'a tenue par les épaules, m'a regardée un instant.

– « Et tu pleures … »

Les autres se sont approchés, m'ont reniflée en ouvrant des yeux ronds. La grosse Lili a ri à gorge déployée en tenant son gros ventre. Elle a lancé de sa voix tonitruante:

– « Et bien vous voyez, les gars, il se passe tout de même quelque chose dans ce foutu pays. Des années qu'on végète comme des porcs dans la saleté et le froid, des années qu'on bouffe du rat chaque jour que Dieu — Pardon, que le Diable fait … Aujourd'hui, Petite a quatorze ans, elle sent la rose et elle pleure. Si vous voulez mon avis, moi , ça me fait chaud au ventre. »

Elle m'a prise contre ses seins énormes et m'a embrassée sur les deux joues en me souhaitant un fort et sincère « Bon anniversaire, Petite ! »

J'ai souri, la grosse Lili était une force de la nature. Depuis quatorze ans elle ne mangeait comme nous que du rat mais elle n'avait pas maigri d'un gramme, c'était un sujet de plaisanterie entre les membres de

la communauté. Ma mère m'a prise par la main et a lancé:
– « On va voir l'ermite … Peut-être aura-t-il une explication. »
Je voyais bien que personne ne croyait vraiment que Lermite pourrait expliquer un tel mystère. A ma connaissance, ma mère ne lui avait jamais rendu visite et je ne me rappelais pas qu'elle ait approché, ne serait-ce qu'une fois, la colline métallique de l'Ouest. Alors mon cœur battait plus fort que de coutume et je me réjouissais de boire du proka en compagnie des deux personnes les plus importantes de mon existence. Nous nous sommes mises en marche, les autres rassemblés en demi-cercle nous regardaient partir, leurs visages étaient sérieux mais je sentais l'espoir qu'avait éveillé en chacun la modification de mon être.

Sur le chemin difficile menant à la cabane de Lermite, j'ai parlé à ma mère qui soufflait derrière moi.
– « Maman, dis-moi … Qu'est-ce que tu penses de tout cela ? »
Elle s'est arrêtée, la main sur le cœur et a souri de toutes ses dents. Son visage a pris une expression si douce que je suis tombée à genoux devant elle. Elle a caressé mes cheveux d'une main légère.
– « La grosse Lili n'a pas tort, Petite, tu es la seule qui change. On vieillit tous, c'est certain, quelques uns sont morts et on mourra tous, mais cette odeur sur ton corps comme sur le mien, c'est troublant … Pourquoi aujourd'hui, le jour de ton quatorzième anniversaire, quatorze ans après cette nuit inexplica-

ble qui nous a jetés dans cet univers ? Pourquoi ces larmes ? Il doit y avoir une explication ! »

Elle s'est agenouillée devant moi et m'a regardée intensément dans les yeux. Elle a murmuré :

– « Petite, j'étais la seule femme enceinte cette nuit-là. Tu est née seulement quelques heures après tout cela. »

Elle m'a montré les alentours.

– « Je me suis réveillée sur une plaque de métal, j'étais seule, il faisait nuit et les douleurs qui annonçaient ta naissance étaient insoutenables. J'ai crié pendant des heures, je ne pouvais pas me lever, je n'en avais pas la force. La grosse Lili a entendu mes hurlements à des kilomètres, elle a fini par me trouver et nous t'avons mise au monde… »

A travers ses larmes, elle me regardait fixement. J'ai frissonné.

– « Petite, tu étais dans mes bras, pendue à mon sein, la nuit a fait place au ciel gris que tu connais si bien. Moi, je ne connaissais que la chaleur de mon lit, le bruit joyeux de la cafetière, les bras tendres de ton père… J'ai regardé autour de moi et j'ai cru devenir folle. La grosse Lili hurlait, brandissait son poing au ciel, jetait des pierres de tous côtés. Nous étions toutes trois sur cette plaque de métal encore chaude du sang que j'avais perdu … Nous avons prié pour que tout cela ne soit qu'un rêve. Mais nous ne rêvions pas, c'était la réalité. »

Elle s'est relevée en se frottant les genoux.

– « Nous avons rencontré les autres au fil des mois, des années, ils venaient du Nord ou du Sud, mais n'avaient rien vu d'autre que des rats, du métal, des

cailloux et du bois mort. Nous avons décidé de rester ici, puisqu'il n'y avait rien d'autre ailleurs. »
Elle a ajouté si bas que j'ai failli ne pas l'entendre :
– « Peut-être que toi tu connais le chemin … »

Nous avons repris notre ascension en silence et nous sommes enfin arrivées à la cabane de Lermite. Il nous attendait assis devant sa porte.
– « Je vous observe depuis quelques temps et je dois avouer que ma curiosité atteint son paroxysme. Bonjour … Madame. »
Il s'est penché sur la main de ma mère et l'a embrassée, je crois bien qu'elle a tremblé et que son visage est devenu encore un peu plus pâle.
– « Bonjour, Petite, bon anniversaire ! »
Il a caressé ma joue et a certainement senti la nouvelle odeur émanant de mon corps. Il a eu l'air surpris mais n'a rien dit. Il nous a fait entrer dans son abri et a replacé la plaque de métal qui lui servait de porte. Il avait préparé trois verres de proka et un feu brillait dans ce qu'il appelait sa cheminée. Je me suis assise sur un socle en métal recouvert de peau de rat et ma mère a pris place à mes côtés. Lermite a jeté du bois mort dans le feu qui, reconnaissant, s'est mis à danser, puis il s'est assis devant nous, nous regardant tour à tour.
Nous avons bu nos verres et une chaleur bienfaisante a envahi nos corps, puis ma mère a commencé à rire, les larmes aux yeux. Elle ne buvait que rarement du proka et celui-ci la mettait dans tous ses états. Lermite s'est mis à rire lui aussi et je ne me suis pas retenue plus longtemps. Je crois que, même dans la vallée, ils nous entendaient. C'est à cet instant que

j'ai compris qu'un lien secret et puissant, que je ne parvenais pas à définir, liait ma mère à Lermite et dans leurs rires, j'entendais l'écho d'une souffrance, d'un désespoir profond. J'entendais le cri de leurs solitudes.
Lermite, le premier, a repris son sérieux et a constaté :
– « Petite a une odeur nouvelle. La tienne, Dryade. »
Nous l'avons regardé en hochant la tête. Ma mère a demandé de sa voix douce :
– « Qu'est-ce que cela signifie, Simo ? »
– « Je n'en sais rien. Comment te sens-tu, Petite ? »
– « Différente d'hier et des autres jours. En me réveillant, j'ai senti ce parfum sur ma peau et puis j'ai pleuré pour la première fois. Je sens quelque chose de chaud dans mon ventre, je me sens forte … C'est difficile à expliquer. »
Ils se sont regardés.
– « Dryade, que se passe-t-il en bas ? Petite me raconte les événements mais qu'est-ce que tu en penses ? »
– « Les vieux n'ont pas changé, enfin, quelques uns nous ont quittés. Ils vomissent lorsqu'ils voient les rats morts mais mangent le ragoût en se léchant les doigts et boivent des litres de proka quotidiennement. La grosse Lili, Cécile et Meryem me sont d'une aide précieuse, elles gardent les pieds sur terre et ne baissent pas les bras. Je ne sais pas … Et puis cela aujourd'hui avec la Petite, je ne veux pas trop espérer mais je ne peux m'empêcher de voir ces changements comme un bon signe. »
– « Dryade, dis-moi, avez-vous poursuivi vos efforts pour faire des enfants ? »

Ma mère a poussé un soupir et a baissé la tête. J'écoutais attentivement car la conversation devenait vraiment intéressante.
– « Oui, mais cela n'a rien donné. On ne peut plus douter de la stérilité de nos corps. Aucun de nous ne peut plus procréer. »
Sa voix s'est brisée et sous ses paupières baissées, des larmes perlaient.
– « Je l'ai enterré sous une de ces plaques, dans les contrées du Nord. Je l'ai perdu au sixième mois de grossesse, il était tout petit et semblait si parfait mais il ne respirait pas…Il ne respirait pas. C'était un garçon. Le tien. Depuis, tous mes espoirs sont restés vains. »
Mon cœur s'est serré, j'aurais voulu la prendre contre moi mais je n'osais pas. Je n'ai pas été surprise de l'entendre dire :
– « Je crois que Petite peut porter un enfant, je crois aussi qu'elle est la seule à pouvoir le faire. »
Lermite nous a resservi trois verres de proka que nous avons bus très vite. Le silence était lourd et il me semblait qu'aucun d'entre nous ne prononcerait plus la moindre parole. Je tentais de rassembler mes esprits, j'ai été soulagée d'entendre Lermite :
– « Dryade, qu'est-ce que peut changer la venue d'un enfant ? »
– « Je ne sais pas. Je n'en sais rien. Mais que pouvons nous faire ? Tu sais bien que ce qui nous est arrivé est absurde, alors est-il absurde de penser qu'un nouveau-né puisse changer le cours des choses ? »
Il n'a rien répondu et elle a continué :
– « La Petite est heureuse. Est-ce que tu ne t'es jamais demandé comment cela est possible? Avant ou après

cette nuit inexplicable, elle est la seule personne que j'ai rencontrée portant en elle une paix, un bonheur, une joie aussi naturels. Elle aura des enfants heureux … Et elle ne restera pas seule. Peut-être qu'il faut vraiment le faire. »

Elle s'est tournée face au feu et pendant quelques secondes, elle a remué les braises avec un morceau de bois mort.

– « Il faut qu'on essaie…Et si Petite est d'accord, tu seras le père. Simo, je veux croire à un avenir différent du présent. Je veux revoir la mer et sentir le soleil sur ma peau. Je veux sentir l'odeur des sous-bois, je veux revoir le ciel bleu … Bleu. »

Elle tremblait et je sentais le froid venir à la rencontre de son être.

– « Je veux respirer l'odeur des fleurs et celle de l'écorce des arbres, celle de la résine de sapins dans les forêts sombres et puis celle de la mer. Je veux entendre les oiseaux chanter dans le ciel … »

Des larmes ont coulé sur mon visage et Lermite m'a caressé la joue.

– « Pourquoi tu pleures, Petite ? »

– « Je ne sais pas. Avant, quand vous parliez des arbres, des fleurs, de la mer et des oiseaux, je ne ressentais que de la curiosité, je trouvais dommage que vous souffriez tous d'avoir perdu un paradis, mais Lermite, tu me l'as dit toi-même, les hommes y étaient méchants et décadents et toutes les belles choses que vous regrettez disparaissaient les unes après les autres. Aujourd'hui je pleure, mais je ne suis pas triste comme vous. Je pleure sur vos regrets de n'avoir rien entrepris, je pleure sur vos regrets d'avoir laissé disparaître la mer, le soleil, les forêts sombres sans vraiment vous en soucier. Je voudrais vous aider si je le peux. Maman, je te souhaite de revoir les oiseaux que tu n'as jamais vraiment regardés et puis je veux que tu sentes le soleil sur ta peau qu'il n'a jamais vraiment réchauffée…Et toi, Lermite, je te souhaite de retrouver les étoiles, qui ont perdu leur sens mais qui te manquent vraiment depuis quatorze ans. »

– « Et toi, Petite, tu ne veux rien voir de tout cela ? »

J'ai secoué la tête. Je m'étais posé cette question bien souvent. »

– « Non. Je ne veux rien voir de tout cela. J'ai maman et la grosse Lili qui m'aiment et me font rire. Il y a assez de rats dans les parages pour faire des ragoûts encore pendant des années. J'aime le ragoût de rat, j'aime notre terre et puis je t'aime, toi, autant ou peut-être plus que le ragoût de rat… »

Ils se sont regardés. Ils semblaient réfléchir et en souriant j'ai pris la décision qu'ils tardaient à prendre.

– « Nous allons mettre cet enfant au monde. J'ai pourtant une seule questions à vous poser. Qu'est-ce que va changer la venue de cet enfant pour vous ? Moi, je l'emmènerai à la chasse, il apprendra ce que j'ai appris, mais qu'est-ce que sa naissance changera pour vous ? »

– « Petite, autrefois je t'aurais dit que les étoiles ont des projets pour chaque être humain. Aujourd'hui je ne sais plus. Depuis quatorze ans, il ne s'est rien passé, ici. Tu as grandi tel un rayon du soleil disparu, quelques vieux sont morts, j'ai les cheveux blancs, ta mère aussi. Peut-être faut-il qu'on essaie. Dans toutes les cultures anciennes, la naissance d'un enfant a changé le cours des choses. Peut-être devons-nous redevenir croyants et attendre la venue du nouveau messie qui, en nous montrant la voie, nous mènera jusqu'au nouveau paradis. »

Leurs yeux brillaient et j'ai senti l'espoir s'éveiller dans leurs deux cœurs fatigués, j'ai entendu leurs voix intérieures supplier les forces divines de venir à leur aide. J'ai baissé la tête et j'ai répété d'un ton décidé :

– « Nous allons mettre cet enfant au monde. Je prie pour qu'il soit le sauveur que vous attendez. Donnez-vous la main et prenez les miennes. Je veux prier avec vous. »

Pour la première fois de ma vie, j'implorais le ciel de libérer ma mère, Lermite et les autres membres de la communauté. Je ne croyais pas un seul instant à cette étrange cérémonie. Je ne croyais pas en ce qu'ils appelaient Dieu, mais je devinais que ce rituel leur était nécessaire afin de trouver la force et l'espoir dont ils avaient besoin. Non, je n'y croyais pas, mais je me réjouissais de faire un enfant, mon cœur battait très fort dans ma poitrine et ma main gauche tremblait d'impatience dans celle de Lermite.

Quelques minutes plus tard, ma mère nous a quittés. Je l'ai observée descendre en direction du camp, elle trébuchait sur les pierres qui roulaient sous ses pas et il me semblait qu'elle pliait sous le poids d'un lourd fardeau.

Je suis restée seule avec Lermite. Il n'avait pas l'air à l'aise. Lors de nos longues discussions, il m'avait parlé de ce qu'il nommait « morale » et je supposais qu'il lui livrait à l'instant combat. Je pouvais le comprendre et pourtant ses pensées n'avaient plus lieu

d'être, elles appartenaient au passé. Nous vivions aujourd'hui, et ici.
J'ai couru jusqu'à l'endroit où il gardait sa réserve d'eau de pluie. J'y ai frotté mon corps à l'aide d'une pierre plate, j'ai lavé mes cheveux et les ai attachés sur ma nuque. Posté à quelques mètres, un rat m'observait.
– « C'est ton jour de chance, petit, j'ai quelque chose de plus important à faire que de courir derrière toi. Mais, c'est promis, on se voit demain, dans une semaine ou dans un mois. »
Le ciel s'assombrissait, j'ai ramassé ma peau de rat et nue, impatiente, j'ai rejoint Lermite.
Il n'avait pas bougé. Il était assis sur sa couche et a souri faiblement. Je nous ai préparé un proka, fort, très fort. Pendant que je vidais les têtes de rats, je le regardais. Nous avons bu, je l'ai embrassé et nous avons bu encore. Il s'est déshabillé et s'est dirigé vers un coin de sa cabane, lorsqu'il s'est tourné vers moi, il portait une marmite pleine de proka.
– « Je l'ai fait il y a quelques semaines. Il faudrait le goûter, peut-être que ce soir est la bonne occasion. »
– « Oui, c'est certainement la bonne occasion. »
Je n'ai jamais ri autant que cette nuit-là, nous avons inventé des mélodies à l'aide de pierres, de métal, de bois mort. Nous avons dansé en chantant et puis nous nous sommes caressés. J'ai senti sa semence couler au plus profond de moi, mon corps, reconnaissant s'est affaissé. J'ai perdu connaissance.

A mon réveil, j'ai reconnu le visage anxieux de ma mère, penché sur moi. J'étais toujours dans la cabane

de Lermite, allongée sur sa couche. J'ai souri au visage fatigué de ma mère et lui ai dit :
– « Tout s'est bien passé. »
– « Je sais. Je sais … »
Quelque chose dans le ton de sa voix m'a alertée, je me suis assise et j'ai été surprise de me sentir si lourde. J'ai rejeté les couvertures et mon ventre est apparu, énorme, rond, la peau tendue prête à craquer. Mes seins avaient doublé de volume et je ne pouvais pas douter que je portais déjà le fruit pour lequel nous avions prié. Ma mère m'a expliqué de sa voix douce :
– « Tu dors depuis vingt-trois jours. Ton ventre n'a pas cessé de s'arrondir et je pense que tu vas bientôt mettre au monde l'enfant que tu portes. Je ne comprends pas, ton fonctionnement corporel est pour nous tous un véritable mystère. »
– « Mystère … Mystère, c'est vite dit ! Tout tourne à l'envers,ici … Dans ce foutu pays, dans ce maudit trou à rats! »
J'ai reconnu la voix forte de la grosse Lili, elle s'est approchée et m'a embrassée sur le front. Je n'ai rien dit, j'étais fatiguée et je me suis rendormie. Des rêves ont accompagné mon sommeil et à mon réveil, je savais ce qui nous attendait, tout était clair. Il allait falloir que je parle aux autres et je savais que des larmes allaient couler, pourtant, en attendant, je me sentais paisible et heureuse. Lili était à mes côtés :
– « Petite, ne te fais pas de soucis, je vais t'aider à lui donner le jour, à ton gamin et … »
Je l'ai interrompue avant qu'elle ne se remette à maudire ma terre et celle de mes enfants.

– « Lili, je ne me fais pas de soucis. Je n'aurai pas besoin d'aide. Je vais tous les mettre au monde quand le moment sera venu … Cela ne devrait plus tarder. »
Ma mère venait d'entrer et elle m'a regardée, interloquée :
– « Tous ? Petite, qu'est-ce que tu veux dire ? Comment cela, tous ? »
– « Ils sont plusieurs à se partager mon ventre, mon sang, ma chair. Ils sont plusieurs et tout va bien se passer. Je le sais, j'en suis certaine. »

Deux jours plus tard, les contractions ont commencé. L'accouchement a duré quelques heures et je n'ai pas souffert une minute. J'ai mis sept enfants au monde, six filles et un garçon. J'étais très fière, une force inconnue prenait possession de mon être. Comblée par ma maternité, je me sentais invincible. J'ai appris de ma mère quelques jours après la naissance que, pendant mon long sommeil, la mort avait emporté la plupart des membres de la communauté. Cette nouvelle ne m'a pas surprise, mes rêves me l'avaient annoncé. Il ne restait plus que Lermite, la grosse Lili et ma mère … Bien sûr, maintenant, il y avait mes enfants.

Une nuit, des murmures m'ont réveillée. J'ai écouté ma mère parler au coin du feu. Elle disait à Lermite et à la grosse Lili :
– « Nos jours sont comptés. Il ne sert à rien de croire ou d'espérer. Je me suis trompée, les enfants de la Petite ne sont pas des sauveurs mais les maillons d'une chaîne de l'évolution humaine. Une nouvelle ère s'ouvre … Sans nous. »

Sa voix s'est brisée, j'entendais ses sanglots. La grosse Lili reniflait et Lermite se taisait. Je me suis levée pour les rejoindre. J'ai embrassé ma mère en la serrant dans mes bras. Je l'ai sentie si faible, si frêle, cela ne m'a pas émue et je m'étonnais un instant de cette nouvelle indifférence. Je me suis assise près d'eux et j'ai murmuré :

– « Je n'ai jamais cru à l'arrivée d'un fils de Dieu. Je voudrais vous aider mais il est vain d'attendre. Vous êtes les hommes préhistoriques dont vous m'avez parlé. Le monde a changé son cours, mon corps est différent du votre, celui de mes enfants différent du mien. Je ne sais qu'une seule chose : Vous portez vos existences comme un fardeau trop lourd, moi je me sens légère comme l'air que je respire. Vous pleurez et je ne veux que rire, vous cherchez un sens à tout ce que vous vivez, je ne cherche qu'à vivre. Je vous aime tous les trois, mais depuis la naissance des petits, il me semble que je vous ai déjà fait mes adieux. »

Je me suis tue un moment avant de reprendre.

– « Maman a raison. Vos jours sont comptés et c'est pour cela que je parle aujourd'hui. »

Ils ont frissonné, j'ai regardé Lermite.

– « Je veux d'autres enfants avant que vous ne disparaissiez. Tu dois me les donner. »

J'ai posé ma tête sur ses genoux et j'ai attendu. Ma mère et la grosse Lili m'ont caressé les cheveux avant de nous laisser seuls. Nous avons bu beaucoup de proka et pourtant nous n'avons pas ri, nous n'avons pas chanté. Allongé sur moi, ses yeux dans les miens, Lermite pleurait.

Vingt-trois jours plus tard, je me suis réveillée dans l'odeur sucrée de ma peau. Mes enfants avaient grandi et me léchaient le visage. Ma mère, la grosse Lili et Lermite avaient disparu, je savais qu'ils étaient morts. J'ai fermé les yeux et j'ai caressé mon ventre énorme. Tout allait bien sur la planète Terre.

324542

Es fing alles an einem Tag an, an dem ich besser nicht aufgewacht wäre. Ich hatte schlecht geschlafen, die an der Wand hängenden Lautsprecher hatten die ganze Nacht Befehle und Gesetze gebellt, die ich sehr gut kannte. Das Programm hatte um Mitternacht angefangen, und die Stimmen hatten mich kaum in Ruhe gelassen. Sie hatten mir befohlen nach dem Aufstehen in die Einkaufszentren im Süden der Stadt zu gehen, und dort mein hartverdientes Geld auszugeben. Ich wachte auf, von Kopfschmerzen gequält. Ich machte die Kaffeemaschine an und überlegte, was ich bloß kaufen könnte. Ich brauchte nichts. Ich erschrak, als die aggressive Stimme mich aus dem Lautsprecher ansprach, der zu meiner Rechten hing:

– „Was trödelst du denn, 324542? Sollen wir dich persönlich aus deinem Loch holen, oder gibst du mal ein bisschen Gas?"

Im Badezimmer klatschte ich mir Wasser ins Gesicht und musste vor Schmerz schreien: das Wasser wurde von Tag zu Tag sauerer, bald wäre es nicht mehr zu gebrauchen. Dieser Tag fing wirklich schlecht an. Ich wollte meinen rosa Pulli anziehen. Ich hatte mich verfangen, und versuchte gerade den Kopf aus dem linken Ärmel zu befreien, als eine andere Stimme brüllte:

– „324542, hast du denn nichts über das Farbengesetz gehört? Wesen wie du tragen ausschließlich schwarz oder grau. Zieh dieses rosa Teil aus!"

Ja, es stimmte, ich hatte dieses Gesetz vergessen, das erst ein paar Tage alt war. Ich tauschte meinen Pulli gegen ein graues Kleid um, und während ich mich wieder anzog, kam mir eine Idee für den Pflichteinkauf: einmal die Woche bekam ich Bücher, die sie veröffentlichten, und deren Lektüre obligatorisch war, aber ich hatte in meinem Zimmer kein Bücherregal. Die Bücher stapelten sich unter meinem Bett und bald wäre auch dort kein Platz mehr. Ich brauchte also ein Regal. Ich war erleichtert, eine Lösung zu diesem Einkaufsproblem gefunden zu haben, und rannte die siebenunddreißig Etagen zur Straße runter. Draußen drängte sich eine Menschenmasse und ich stellte fest, dass ich nicht die Einzige war, der befohlen worden war, in den Süden der Stadt zu gehen. Zwei Stunden lang traute ich mich nicht, die Schwelle meiner Haustür zu verlassen und mich in den Menschenstrom zu werfen. Es war nämlich ein heikles Unternehmen, und auf meinem rechten Schenkel waren immer noch die bösen Narben von dem Tag zu sehen, an dem ich mit einem Khipard zusammengestoßen war, der mir wutentbrannt das Bein beinahe gebrochen hätte. Die Khiparden vertraten die Herrschaft und deren Macht. Sie durften alles.

Ich konnte aber nicht länger stehen bleiben, ich musste los. Ich konnte dem Fuß einer kleinen Blondine mit praller Brust nicht ausweichen und zerquetschte ihn. Sie richtete mir einen mörderischen Blick entgegen, und ich erkannte, dass sie mir hierarchisch überlegen war. Als Zeichen meiner Ergebenheit warf ich mich rücklings auf den Boden. Mit ihrem spitzen Schuh verpasste sie mir einen Tritt in die

Seite und ging weiter. Mühsam stand ich wieder auf und ließ mich vom Menschenstrom treiben. Ein paar Stunden später erreichte ich mein Ziel. Das Fickea-Center öffnete den Käufern seine breiten Türen, ich ging hinein und machte mich auf die Suche nach meinem Regal. Ich trödelte nicht, und fand schnell eins, das wunderbar passen würde. Mein riesiges Paket hinter mir her schleppend, ging ich zu den Kassen. Es war nicht schwer, sie zu finden: ich musste nur erraten, woher das Knallen der Peitschen kam. Hinter jedem Beschäftigten stand bei Fickea ein Khipard, dessen Aufgabe darin bestand, ihn mit Peitschenhieben anzutreiben. An jenem Tag war es schon spät, ich konnte an jeder Kasse zerrissene Blusen erkennen, Blutlachen auf dem Boden, gerötete Augen. Die kleine Kassiererin der Schlange, in der ich stand, wirkte sehr mitgenommen. Sie zitterte und schaffte es kaum noch, die verschiedensten Möbelstücke zu heben, um das winzige Etikett zu finden, auf dem der Preis ausgeschildert war. Ihr Khipard gönnte ihrem Rücken keine Pause. Ich schämte mich über mein riesiges Paket. Ich rannte zu dem Gang, in dem ich mein Regal geholt hatte, und tauschte es um. Ich wählte ein kleineres, handlicheres und leichteres aus, und kehrte in die Schlange zurück, die ich gerade verlassen hatte. Die Frau an der Kasse hatte Tränen in den Augen. Die Kunden schauten sie gleichgültig an. Als ich an der Reihe war, freute ich mich darüber, dass sie mein Regal mühelos heben konnte. Sie packte es mir in eine Tragetasche, und nachdem ich bezahlt hatte, ging ich zum Ausgang.

Ich stand schon mit einem Fuß draußen, als zwei Khiparden mir den Weg versperrten. Sie fragten

mich nach dem Grund, warum ich mein Regal umgetauscht hatte. Ich fing an zu stottern, und einer von den beiden sagte zu mir:
– „Wir haben dich beobachtet. Du hast Mitleid mit der dämlichen Kleinen von 112 gehabt. Du wirst uns nun die Differenz bezahlen: du schuldest uns 65,- € ..."
Der andere zog ein Büchlein aus seiner Tasche und fuhr fort:
– „Mitgefühl wird mit einem Bußgeld von 210,- € bestraft. Es sind also 275,- €, die du uns schuldest!"
Ich war überrascht und reagierte nicht schnell genug, er packte mich an den Haaren und schlug mir den Kopf gegen die Mauer. Ich hörte, wie mein Nasenknochen zerbrach, und Blut lief über mein graues Kleid. Ich gab ihnen das Geld und erhielt als Dankeschön das Knie des Ersten in den Bauch, sein Kollege verpasste mir zwei schallende Ohrfeigen. Passanten grinsten, manche lachten sogar beim Anblick meines zertrümmerten Gesichts.
– „Heute ist wirklich nicht mein Tag", dachte ich.

Ich kam mit schlotternden Knien nach Hause und ließ mich aufs Bett fallen. Ich lag mit den Armen vor der Brust verschränkt, meine Nase tat mir weh, ich seufzte. Die Stimme aus dem Lautsprecher sprach mich an:
– „324542, du wirst in einer halben Stunde im Kino „Le Moraque" erwartet. Beeil dich! Ach, 324542, puder dir die Nase, damit deine Hässlichkeit einem nicht so ins Auge sticht! Du glänzt normalerweise nicht vor Schönheit, aber heute überschreitest du die Grenzen des Legalen!"

Ein gewaltiges Lachen, das mir gut bekannt war, erschallte im Raum. Ich hatte überhaupt keine Lust, ins Kino zu gehen, aber Befehle waren Befehle ... und nachdem ich mich ein bisschen zurechtgemacht hatte, machte ich mich auf den Weg. Das „Le Moraque“ war überfüllt, und ich war zu müde, um mich auf einen Film zu konzentrieren, den ich schon tausendmal hatte sehen müssen. Ich schlief ein, wurde aber gleich durch Elektroschocks geweckt. Mein Nachbar hatte wahrscheinlich auch eine Ladung abgekriegt, denn er schrie wütend auf und biss mir in den Arm. Endlich ging das Licht an, und es wurde uns befohlen, nach Hause zu gehen.

Es geschah auf dem Nachhauseweg. Ich war fast bei mir angekommen und freute mich schon darauf, meinem müden Körper eine Pause zu verschaffen, als ich ein grelles Licht bemerkte, das mich aus dem Fenster eines Kellers zu rufen schien. Bald hörte ich eine Stimme flüstern:

– „324542 ... Komm näher ... Nein, näher ... Siehst du die Tür zu deiner Linken? Geh rein und lauf die Treppe hinunter ... Mach schnell, wir haben nicht viel Zeit!“

Ich gehorchte, mein Herz pochte: der Befehl war, nach Hause zu gehen, und nicht in die Keller der Stadt zu steigen.

Als ich unten ankam, wartete ein Mann vor einer Tür. Er zog mich am Arm und schubste mich in ei nen kleinen Raum. Dort standen etwa zwanzig Personen, Männer und Frauen, sie schauten mich aufmerksam an:

– „Was hast du im Gesicht?“

– „Khiparden haben mir die Nase bei Fickea gebrochen ...“
Derjenige, der mich gefragt hatte, fing an zu fluchen.
– „Komm her, Christel!“
Sie näherte sich und ich dachte, ich falle um. Sie war meine perfekte Doppelgängerin. Er sagte leise zu ihr:
– „Bist du bereit?“
Sie nickte und er schlug ihr mit der Faust mitten ins Gesicht. Sie blutete. Ich machte die Augen weit auf und wartete wortlos auf die nächsten Ereignisse. Nachdem er ihre Nase sorgfältig gewaschen hatte, küsste er sie.
– „Verzeih mir ...“
Sie lächelte:
– „Ich muss jetzt los, sonst merken sie, dass sie verschwunden ist. Viel Glück!“
Sie verließ uns, und der Klang ihrer Schritte wurde immer leiser, bis er verschwand. Der Chef dieser seltsamen Versammlung zeigte auf einen Hocker, und bat mich, mich zu setzen.
– „Wie fühlst du dich?“
– „Ich weiß nicht“, sagte ich mit kleiner Stimme.
Er stöhnte und wirkte genervt.
– „Sie ist nicht mehr dieselbe.“
Er schien über mich zu sprechen, ich neigte den Kopf. Er kniete vor mir nieder, zwang mich, ihn anzuschauen, und fragte:
– „Bist du zufrieden mit deinem Leben? Gefällt es dir, die Nase gebrochen zu bekommen? Spürst du kein Fünkchen der Rebellion?“
Ich überlegte kurz und sagte:
– „Ich bin müde. Sie lassen mich nicht schlafen. Nachts sprechen sie stündlich durch die Lautspre-

cher und singen zu Ehren des Königs A5 und seines Systems. Ich bin müde."

Er schien mit meiner Antwort zufrieden, und führte mich zu einer kleinen Nische in einer dunklen Ecke des Raums.

– „Dein Bett ist bereit. Schlaf jetzt. Morgen erkläre ich dir, was ich von dir erwarte."

Ich legte mich hin und schlief sofort ein. In jener Nacht schlief ich, ohne die Stimmen zu hören, die unsere Gesellschaft der Megaproduktion lobpreisten. Ich wachte mit einem Lächeln auf. Die Kopfschmerzen, die mich seit so langem quälten, waren nicht mehr da. Ich hörte den Klang einer Melodie und stand auf. Ein Mann mit üppigem Bart war über ein Musikinstrument gebeugt und streichelte die Saiten. Er war allein. Ich näherte mich, und weiterspielend sagte er mit einer warmen Stimme:

– „Meryal wird mit den anderen in ein paar Stunden wieder hier sein. Du sollst hier bleiben und auf ihn warten."

Ich nickte und setzte mich vor ihn auf einen Hocker. Sein Spiel rührte mich. Bilder von grünen Weiten liefen vor meinen Augen ab, und ich spürte, wie mein Körper durch die Luft schoss. Der Bärtige beobachtete mich mit neugierigem Blick. Die Tür ging auf und Meryal stürmte mit anderen in den Raum.

– „Es ist alles verloren ... Schnell, wir müssen hier weg!"

Ich traute meinen Ohren nicht. Weggehen? Wo konnte man denn hingehen? Ohne ein Wort zu sagen, folgte ich ihnen. Meryal hielt mich am Arm, sein Gesicht war blass, und ich sah, dass er hinkte. Unter einem Teppich wurde eine versteckte Falltür geöff-

net, und wir schlüpften einer nach dem anderen hinein. Ich kann nicht sagen, wie lange wir durch dunkle Gänge rannten. Wir tappten im Schlamm herum, Meryal fluchte und ermutigte uns:
- „Schneller, schneller!“
Schließlich befanden wir uns in einem aufsteigenden Gang. Ich spürte schon, wie Luft zu uns drang. Wir liefen schneller und freuten uns darauf, bald die Untiefen der Erde und den Schlamm, der uns am ganzen Körper klebte, zu verlassen. Wir kamen zu einer steinernen Treppe, die zu einem gewaltigen Eisentor führte. Meryal drückte dagegen und öffnete es. Das Licht blendete uns, und ich musste die Augen einen Moment schließen. Als ich tief einatmete, kamen Erinnerungen in mir hoch: ich war zurück in meiner Heimat, in meinem Königreich. Wie hatte ich es nur vergessen können?
Mit einer Handvoll Männern war ich ein paar Jahre zuvor auf Mission gegangen. Ziel war das Nordaland, eine Gegend, die damals mit eiserner Hand vom König A4 regiert wurde. Das Nordaland hatte bereits die Grenzen im Westen des Reiches verletzt und uns war klar, dass es auf unser gesamtes Land abgesehen hatte. Zur Verteidigung unseres Königreichs und seiner Bewohner brauchten wir Informationen. Ich hatte die Gefahr eines solchen Unternehmens unterschätzt. Schon bei der Ankunft in Nordaland wurde unsere Truppe verhaftet. Die Khiparden hatten meine Männer umgebracht und mich zum König A4 geführt, und ab diesem Zeitpunkt fehlen mir jegliche Erinnerungen ...
Ich stand auf und gab Meryal einen Kuss auf die Wange, um mich bei ihm zu bedanken. Das Meer

schimmerte vor mir, ich konnte seinem Ruf nicht widerstehen. Nachdem ich lange gebadet hatte, blieb ich im Wasser stehen, das mir bis zur Taille reichte, und blickte zum Horizont. Ergriffen murmelte ich:
– „Ich bin hier, ich bin zurück. Ich kehre aus dem Reich der lebenden Toten zurück, in dem ich beinahe verlorengegangen wäre.“
Ein weißer Blitz schoss durch das Himmelsblau: meine Mutter grüßte mich. Donner grollte in der Ferne, und ich erkannte die schroffe Stimme meines Vaters. Ich drehte mich zum Strand um, wo mein Volk sich versammelt hatte. Ich ging aus dem Wasser und wickelte mich in ein rotes Tuch, das Ethée mir lächelnd reichte. Ich, Rayam, Tochter der Blitzgewalt und des Donners, nahm sie in die Arme und war erleichtert, nach so vielen Jahren der Einsamkeit, die Zärtlichkeit und Wärme der Umarmung Ethées zu spüren, meiner Schwester und Freundin.
Die folgenden Wochen verbrachte ich damit, meinem Volk zuzuhören. Die aktuelle Lage des Königreichs wurde mir geschildert. Jeder erzählte mir, wie schmerzhaft der jahrelange Anblick des leeren Throns gewesen war. Frieden herrschte unter uns. Ich rauchte wieder das heilige Gras und zog mich in die Wälder zurück, um dort Pilze zu mir zu nehmen, die meine Wahrnehmung erweiterten. Ethée kam eines Morgens zu mir, als ich gerade meine tägliche Meditation beendete. Sie wirkte besorgt:
– „Rayam, du wirst kämpfen müssen, und dafür wirst du auch gehen müssen. Du darfst den Thron kein zweites Mal leer lassen. Du musst eine Erbin zur Welt bringen, bevor du diesen Krieg führst.“

– „Hör zu, Ethée, ich würde dir lieber sagen, dass ich in den Frieden ziehe, und nicht in den Krieg, doch weiß ich, dass ein Blutbad nicht zu vermeiden sein wird. Wenn nichts unternommen wird, werden sie uns holen und vernichten. Wir haben schon zu viele der Unseren verloren. Du hast recht, und meine Visionen entsprechen deinen Gedanken, bevor ich euch wieder verlasse, muss ich eine Tochter gebären. Du bist die Erste, die es erfährt: ich bin vor ein paar Tagen zum Quell der Fruchtbarkeit gegangen und erwarte bereits ein Kind."

Ihr Gesicht erleuchtete, sie lief hinaus, um die gute Nachricht zu den besorgten Untertanen zu bringen. Meryal kam als Erster, um mir zu gratulieren. Seine Augen glänzten und ich wusste, dass sein Idealismus genauso groß wie meiner war. Bei den schwierigen Prüfungen, die auf uns zukommen sollten, wäre er ein mutiger und treuer Freund. In den folgenden Monaten kam er mich täglich besuchen. Ich war für seine Aufmerksamkeit dankbar. Mein Bauch wurde immer runder und der Tag der Geburt rückte näher.

Eines Abends zerfurchten Blitze den Himmel, und Donner dröhnte unentwegt. Meine Eltern gaben mir ihr Zeichen: die Zeit war gekommen, die ersehnte Tochter zur Welt zu bringen. Alleine ging ich zum Strand. Ich hörte die Stimmen der Elemente und die meines Volkes, die sich mit denen unserer Ahnen vermischten. Alle schenkten mir ihre Energie und murmelten meinen Namen.

Stundenlang spannte sich mein Körper. Der Himmel tobte, meine Eltern standen mir zur Seite. Endlich erreichte ich das Zentrum dieses inneren Wirbelsturmes und fühlte mich dem Zerreißen nahe. Im

Chaos meiner Gedanken sah ich den dünnen Faden, der Geburt von Tod trennt. Meine Eltern verstummten, es wurde still. Ich befreite meine Tochter, legte mich hin und drückte sie an meine Brust. In der aufmerksamen Stille ihres Königreichs stieß sie ihren ersten Schrei. Donner schlug mehrfach, Blitze erleuchteten den Himmel und ein warmer Regen fiel über uns. In der Ferne hörte ich Musik, alle hießen mein Kind willkommen.

–„ Steh auf, 324542! 324542, ich befehle dir, aufzustehen!“
Er rüttelte mich und ich wachte auf. Ich lag vor meinem Haus auf dem betonierten Boden. Es war Nacht. Zwei Khiparden waren über mir gebeugt. Ich fragte sie:
– „Meine Tochter ... Wo ist meine Tochter?“
Sie lachten.
– „Willst du uns verarschen, 324542? Zum Glück können sich Menschen deiner Sorte nicht vermehren. Das wäre ja noch schöner! In ein paar Jahren werdet ihr sowieso alle verreckt sein, ihr verpestet doch die Luft ... Steh auf!“
Ich versuchte mühsam mich auf meine wackligen Beine zu richten. Ich weinte und schrie:
– „Mein Name ist Rayam, Tochter der Blitzgewalt und des Donners, und ich befehle euch, mir mein Kind zurückzugeben ...“
Ich streckte die Arme erwartungsvoll aus. Sie schau ten sich gegenseitig an:
– „Sie ist total verrückt!“, sagte der eine. Er schlug mir heftig ins Gesicht, der andere zog eine Ei-

senstange und fing an, mich zu verprügeln. Schläge fielen über mich, und ich wiederholte:
– „Mein Name ist Rayam, und ich will mein Kind ...“
Ich fiel zu Boden, die dunklen Häuser um mich herum schienen mich verschlucken zu wollen. Blut lief mir über das Gesicht. Ich spuckte meine Zähne aus und wehrte mich nur zögernd. Ich hörte eine Messerklinge aufspringen. Er zog mich an den Haaren hoch und schlitzte mir die Kehle mit einem präzisen Schnitt durch. In der Ferne erschallte ein Donnerschlag, Blitze füllten die Luft mit Elektrizität.

WIEGE DER INDIVIDUALITÄT

324542

Tout a commencé un jour où il aurait mieux valu pour moi que je ne me réveille pas. J'avais mal dormi, les haut-parleurs accrochés aux murs de ma chambre n'avait pas cessé d'aboyer des ordres, des lois que je connaissais très bien. Ils avaient débuté le programme à minuit et les voix ne m'avaient laissé que peu de répit. Elles m'avaient ordonné de partir, dès mon réveil, pour les centres commerciaux du Sud de la ville et d'y dépenser l'argent que j'avais péniblement gagné. Je me suis levée, mon mal de tête m'a fait gémir. J'ai mis la cafetière en marche et j'ai réfléchi à ce que je pourrais bien pouvoir acheter. Je n'avais besoin de rien. J'ai sursauté lorsque la voix agressive sortant du haut-parleur placé sur ma droite m'a interpellée :

– « Qu'est-ce que tu fouts, 324542, il faut qu'on vienne te chercher pour te faire sortir de ton trou à coups de pied aux fesses, ou tu t'actives un peu ? »

Dans la salle de bain, je me suis jeté de l'eau au visage et je n'ai pu m'empêcher de pousser un cri de douleur : l'eau devenait de plus en plus acide, elle serait bientôt inutilisable. Cette journée commençait vraiment mal. J'ai voulu mettre mon pull rose et j'essayais d'extraire ma tête de la manche gauche dans laquelle elle s'était empêtrée lorsqu'une autre voix a lancé :

– « 324542, tu n'as pas entendu parler de la loi des couleurs ? Les individus dans ton genre ne portent que du noir ou du gris. Alors, enlève ce truc rose ! »

C'était vrai, j'avais oublié cette loi sortie quelques jours auparavant. J'ai troqué mon pull contre une robe grise et pendant que je m'habillais, il m'est venu une idée de ce que je pourrais acheter. Je n'avais pas d'étagère dans ma chambre et chaque semaine je recevais des livres qu'ils publiaient et dont la lectures était obligatoire. Ces livres s'empilaient sous mon lit et je n'aurais bientôt plus su où les ranger. Il me fallait une étagère. Soulagée d'avoir enfin trouvé une solution à ce problème d'achat, j'ai quitté ma chambre et j'ai descendu les trente-sept étages en courant dans les escaliers.
Dans la rue, la foule se pressait et je remarquais que je n'étais pas la seule ce jour-là à avoir reçu l'ordre de se rendre dans les quartiers sud de la ville. J'ai attendu deux heures avant d'oser quitter la marche de mon immeuble et tenter de prendre place dans le flot d'individus. C'était une opération très délicate et je gardais sur la cuisse droite quelques vilaines cicatrices en souvenir d'un jour où j'étais entrée en collision avec un chipar qui, fou de fureur, m'avait presque cassé la jambe. Les chipars représentaient l'autorité et le pouvoir. Ils pouvaient faire tout ce qui leur plaisait. Mais je ne pouvais pas rester plus longtemps dans le renfoncement de cette porte, il fallait que j'y aille. Je n'ai pas pu éviter d'écraser le pied d'une petite blonde à gros seins. Elle m'a massacrée du regard, j'ai vu immédiatement qu'elle m'était hiérarchiquement supérieure et je me suis jetée à terre, sur le dos, en signe de soumission. Elle m'a collé un coup de ses chaussures pointues dans les côtes et a poursuivi son chemin. Je me suis relevée difficilement et me suis laissée entraîner par le courant vivant.

Quelques heures plus tard, je suis arrivée au but de mon voyage. Le centre Nikea ouvrait ses portes immenses aux acheteurs. J'y suis entrée et me suis mise à la recherche d'une étagère.
Je voulais faire vite et j'ai rapidement trouvé celle qui ferait l'affaire. Tirant mon énorme paquet derrière moi, je me suis dirigée vers les caisses. Celles-ci n'étaient pas difficile à trouver : Il me suffisait de deviner d'où venait le claquement des fouets. Chaque employé du centre Nikea avait, posté à ses côtés, un chipar dont le rôle consistait à l'activer à coups de grosses lanières de cuir. Ce jour-là, il commençait à se faire tard et à chaque caisse je pouvais voir des chemises lacérées, des flaques de sang sur le sol, des yeux rougis. La caissière de la file où j'avais pris place semblait mal en point. Elle tremblait et ne parvenait qu'à grand' peine à soulever des meubles de toutes sortes pour y chercher une étiquette minuscule où le prix était indiqué. Son chipar s'acharnait sur son dos en riant. J'ai eu honte de mon énorme paquet et je supposais qu'elle n'aurait même pas la force nécessaire pour le porter. J'ai couru jusqu'au rayon où j'avais trouvé mon étagère et je l'ai échangée. J'en ai choisi une plus légère, plus maniable et je suis retournée dans la file que je venais de quitter. Lorsque mon tour est venu, j'ai été heureuse de voir que la caissière n'avait aucune difficulté à enregistrer mon achat. J'ai pris le sac qu'elle me tendait en la remerciant et je me suis mise en route vers la sortie, après lui avoir donné la somme requise.
J'avais déjà un pied hors du magasin quand deux chipars m'ont barré le passage. Ils m'ont demandé la raison pour laquelle j'avais échangé une étagère pour

en choisir une plus petite. J'ai commencé à bégayer et l'un d'eux m'a lancé :
– « On t'a observée. Tu as eu pitié de la petite conne du poste 112. Tu vas nous payer la différence. Nikea le veut ainsi. Tu nous dois 65,00 €. »
L'autre a sorti un carnet de sa poche et a ajouté :
– « Le crime de compassion est puni d'une amende de 210,00 €. Tu nous dois donc 275,00 €. »
J'étais surprise et je n'ai pas réagi assez rapidement à son goût, il m'a attrapée par les cheveux et a cogné ma tête contre un mur. J'ai entendu l'os de mon nez se briser, du sang s'est mis à couler sur ma robe grise. Je leur ai donné l'argent qu'ils me réclamaient, le premier m'a remercié d'un coup de genoux dans le ventre et l'autre m'a collé une paire de claques retentissantes. Les passants souriaient à la vue de mon visage massacré. C'était vraiment pas mon jour.
Je suis arrivée chez moi, les jambes tremblantes et me suis affalée sur mon lit, les bras en croix. Mon nez me faisait souffrir et j'étais exténuée. Une voix sortant des haut-parleurs m'a interpellée :
– « 324542, tu es attendue au cinéma « Le Moraque » dans une demi-heure. Dépêche-toi ! Eh ! 324542, poudre-toi le nez, cela cachera un peu ta laideur. En temps normal, tu n'es pas très reluisante mais aujourd'hui, tu dépasses les limites autorisées. »
Un rire énorme que je connaissais bien a retenti dans la pièce. Je n'avais aucune envie d'aller au cinéma mais les ordres étaient les ordres, et après m'être un peu arrangée, je me suis mise en route. La salle du « Moraque » était comble et j'étais trop fatiguée pour me concentrer sur un film que j'avais dû voir une centaine de fois. Je me suis endormie mais les élec-

tro-chocs m'ont réveillée presque immédiatement. Mon voisin avait dû recevoir, par ma faute, une décharge et m'a mordu le bras gauche en poussant un cri de colère. Enfin, la lumière s'est allumée et une voix nous a ordonné de rentrer chez nous.
C'est sur le chemin du retour que c'est arrivé. Je n'avais plus que quelques mètres à parcourir pour atteindre mon immeuble et je me réjouissais déjà de pouvoir bientôt allonger mon corps fatigué, lorsque, sur ma droite, j'ai remarqué une lumière vive sortant de la fenêtre d'un sous-sol. Quelques secondes plus tard, une voix a chuchoté :
– « 324542, approche-toi ! Non, plus près…Tu vois la porte sur ta gauche ? Prends-la et descends les escaliers … Dépêche-toi, nous n'avons pas beaucoup de temps ! »
J'ai obéi le cœur battant : les ordres étaient de rentrer chez soi et non pas de se promener dans les sous-sols de la ville.

Au pied des escaliers, un homme m'attendait. Il m'a conduit dans une petite pièce où une vingtaine de personnes, hommes et femmes, étaient réunies et me regardaient attentivement.
– « C'est quoi ce sang séché sur ton visage ? »
– « Des chipars m'ont cassé le nez à la sortie de chez Nikea. »
Celui qui avait parlé s'est mis à jurer.
– « Christel, viens ici … »
Elle s'est approchée et je n'en ai pas cru mes yeux : la dénommée Christel était mon parfait sosie. Il lui a demandé :
– « Tu es prête ? »

Elle a acquiescé et il l'a frappée de son poing, au milieu du visage. J'ouvrais de grands yeux et sans un mot, j'attendais, patiente, la suite des événements. Après avoir nettoyé le sang qui coulait de son nez, il l'a embrassée.

– « Pardonne-moi. »

Elle a souri.

– « Il faut que j'y aille ou bien ils vont s'apercevoir de sa disparition. Bonne chance. »

Elle s'est inclinée devant moi et nous a quittés. Le bruit de ses pas dans les escaliers a diminué pour s'éteindre complètement. Celui qui semblait être le chef de cet étrange rassemblement m'a montré un tabouret et m'a priée de m'asseoir.

– « Mon nom est Meryal. Comment te sens-tu ? »

– « Je ne sais pas. »

Il a poussé un soupir, il semblait énervé.

– « Elle n'est plus la même. »

Il avait l'air de parler de moi et j'ai baissé la tête. Il s'est agenouillé devant moi, m'a relevé le menton doucement.

– « Est-ce que tu es contente de ton sort ? Est-ce que cela te plaît de te faire casser le nez et d'obéir à ton programme jour après jour ? Est- ce que tu ne sens pas au fond de toi une petite étincelle de rébellion ? »

J'ai réfléchi un instant avant de répondre.

– « Je suis fatiguée. Ils ne me laissent pas dormir. Chaque heure de la nuit, ils parlent dans les haut-parleurs et chantent à la gloire du roi A5 et du système qu'il a mis en place. Ils me donnent des ordres et je suis fatiguée. »

Il a eu l'air satisfait de ma réponse et m'a conduite jusqu'à une petite niche dans un coin sombre de la pièce.
– « Ton lit est prêt, dors. Demain je t'expliquerai ce que j'attends de toi. »
Lui aussi s'est incliné devant moi avant de me quitter. Je me suis allongée et me suis endormie. Cette nuit-là, j'ai dormi sans entendre les aboiements des voix scandant des éloges sur notre société de mégaproduction.
A mon réveil, j'ai souri. Le mal de tête qui me torturait depuis des années avait disparu. J'ai entendu le son mélodieux d'un instrument de musique et me suis levée. Un homme à la barbe opulente était penché sur un instrument dont il caressait les cordes. Il était seul. Je me suis approchée de lui et, sans cesser de jouer, il m'a dit d'une voix chaude :
– « Meryal revient avec les autres dans quelques heures. Il te fait dire de rester ici et de l'attendre. »
J'ai hoché la tête et me suis assise sur un tabouret à ses côtés. Il jouait une mélodie qui me remuait. Des images défilaient devant mes yeux, je voyais des espaces verts et sentais mon corps fendre le ciel. Le barbu m'observait d'un air curieux. La porte s'est ouverte, Meryal et quelques autres des siens ont fait irruption dans la pièce :
– « Tout est perdu ... Vite ... Il faut partir ! »
Je n'en croyais pas mes oreilles. Partir ? Mais où pouvait-on bien aller ? Sans dire un mot, je les ai suivis. Meryal me tenais le bras, son visage était pâle et je remarquais qu'il boitait. Quelqu'un a ouvert une trappe cachée sous un tapis et nous nous sommes engouffrés les uns après les autres dans l'ouverture

béante. Je ne sais combien de temps nous avons couru dans de sombres tunnels pataugeant dans la boue. Meryal jurait et nous encourageait :
– « Plus vite, plus vite ! »
Puis nous avons emprunté un chemin qui montait, je sentais déjà l'air s'infiltrer et venir jusqu'à nous. Nous avons accéléré notre marche, impatients de quitter les bas-fonds de la Terre et cette boue qui nous collait au corps. Nous sommes arrivés au pied d'un escalier de pierre qui menait à une immense porte en fer. Meryal l'a ouverte en la poussant fermement et la lumière nous a éblouis quelques instants. J'ai fermé les yeux, et quand je les ai rouverts, je me souvenais : j'étais de retour dans mon royaume natal, comment avais-je pu l'oublier ? J'étais partie en mission quelques années auparavant, accompagnée d'une poignée d'hommes. Le but de notre expédition était le Nordaland, contrée dirigée à l'époque d'une main de fer par le roi A4. Ses armées avaient déjà violé les frontières de l'Ouest de notre royaume, et il était évident qu'il avait des vues sur le pays tout entier. Nous voulions obtenir les informations nécessaires à notre protection et celle de nos sujets. J'avais sousestimé le danger d'une telle entreprise, et dès notre entrée dans le Nordaland, notre troupe avait été arrêtée. Des chipars avaient tué mes hommes et m'avaient conduite devant le roi A4, et puis je ne me rappelais plus de rien ...
Je me suis relevée et j'ai embrassé Meryal sur la joue en le remerciant. La mer scintillait devant moi, je n'ai pas résisté à son appel. Après m'y être baignée, je suis restée debout, de l'eau jusqu'à la taille, les yeux tournés vers l'horizon. Emue, j'ai murmuré :

– « Je suis là. Je suis de retour. Je reviens du royaume des morts-vivants où je me serais presque perdue. »
Un éclair blanc a fendu le bleu du ciel : ma mère me saluait, le tonerre a roulé au loin et j'ai reconnu la voix bourrue de mon père. Je me suis retournée vers la plage où mon peuple s'était rassemblé. Je suis sortie de l'eau et me suis enroulée dans le tissu rouge que me tendait Ethée en souriant. Je l'ai prise dans mes bras, et moi, Rayam, fille de la foudre et du tonnerre, j'étais soulagée après tant d'années de solitude, de sentir enfin la tendresse et la chaleur de l'étreinte d'Ethée, ma soeur, mon amie. J'ai passé les semaines suivantes à écouter mon peuple me dépeindre la situation actuelle du royaume ; chacun me disait sa souffrance d'avoir vu le trône vide pendant tant d'années. La paix règnait parmi nous. Je fumais à nouveau l'herbe magique et me retirais parfois dans les bois pour y goûter les champignons dont la consommation me permettait d'élargir le champ de mes visions. Ethée est venue me rejoindre un matin, alors que je finissais ma méditation quotidienne. Elle avait l'air soucieux.
– « Rayam, il va falloir se battre, et tu vas devoir partir. Tu ne peux pas laisser le trône vide une seconde fois. Tu dois mettre une héritière au monde avant de mener cette guerre. »
– « Ethée, je préférerais te dire que je pars en paix, et non pas en guerre, mais je sais déjà que le massacre sera inévitable. Si nous n'entreprenons rien, ils viendront nous chercher et nous extermineront. Nous avons déjà perdu trop des nôtres. Tu as raison, mes visions vont dans le sens de tes pensées, je dois mettre une fille au monde avant de vous quitter à nou-

veau. Tu seras d'ailleurs la première à l'apprendre : je me suis rendue il y a quelques jours à la source de fécondité et je suis déjà enceinte. »

Son visage s'est illuminé, elle est sortie en courant pour porter la nouvelle dans les cœurs anxieux des sujets de notre royaume. Meryal a été le premier à venir me féliciter. Ses yeux brillaient et je savais son idéalisme aussi grand que le mien, il serait dans l'épreuve qui nous attendait un compagnon courageux et fidèle. Dans les mois qui ont suivi, il me rendait chaque jour visite, et j'étais reconnaissante de l'attention dont il m'entourait. Mon ventre s'arrondissait et le jour de la naissance approchait. Un soir, le ciel s'est empli d'éclairs, le tonnerre a frappé à coups réguliers : mes parents me donnaient le signal, le moment était venu de mettre au monde ma fille tant attendue.

Je me suis rendue seule sur la plage. J'entendais les voix des éléments et celles de mon peuple mêlées à celles de nos ancêtres, tous ensemble m'offraient leur énergie et murmuraient mon nom. Des heures durant, j'ai senti mon corps se tendre. Le ciel se déchaînait, mes parents suivaient mes efforts et j'ai enfin atteint le centre de ce tourbillon intérieur. Je me suis sentie me déchirer, je voyais dans le désordre de mes pensées le fil fragile séparant le naissance de la mort. Lorsque mon corps s'est appaisé, mes parents se sont tus, le calme s'est fait. J'ai libéré ma fille en la tirant vers moi, puis me suis allongée en la serrant contre mon sein, et dans le silence attentif de son royaume, elle a poussé son premier cri. Des coups de tonnerre ont retenti, les éclairs ont illuminé le ciel, et pendant qu'une pluie chaude tombait des nues, mon peuple s'est mis à chanter ; tous souhaitaient à mon enfant la bienvenue.

– « 324542 ! Lève-toi ! 324542, je t'ordonne de te lever ! »
Il m'a secouée violement et je me suis réveillée. J'étais allongée au pied de mon immeuble, sur le sol bétonné. Il faisait nuit. Deux chipars étaient penchés sur moi. Je leur ai demandé :
– « Ma fille ... Où est ma fille ? »
Ils ont ri.
– « Tu te fouts de notre gueule, 324542 ? Il est heureux que les individus de ton espèce ne puissent pas se reproduire. Il ne manquerait plus que cela ! Dans quelques années, vous aurez tous disparu, vous polluez l'atmosphère... Lève-toi ! »
Je me suis levée péniblement sur mes jambes vacillantes, je pleurais et j'ai crié :
– « Mon nom est Rayam, fille de la foudre et du tonnerre, et je vous ordonne de me rendre mon enfant ! »
J'ai tendu les bras, ils se sont regardés, surpris :
– « Elle est complètement folle ! »
L'un d'entre eux m'a frappée fort au visage, l'autre a sorti sa barre de fer et a commencé à cogner. Les coups pleuvaient sur mon corps et j'ai répété :
– « Mon nom est Rayam, et je veux mon enfant ... »
Je suis tombée à terre, autour de moi les immeubles sombres semblaient vouloir m'ensevelir. Le sang coulait sur mon visage, je crachais mes dents et me débattais faiblement. J'ai entendu la lame d'un couteau s'ouvrir.

Il m'a relevée en me tenant par les cheveux et m'a tranché la gorge d'un geste précis. Au loin, le tonnerre a retenti, l'intensité des éclairs a rempli l'air d'électricité.

Es war eine verfluchte Zeit, in der alles, was ich anpackte, in die Hose ging. Ich hatte gerade eine Katastrophenbeziehung hinter mir gelassen, von der ich mich nur mit größter Mühe befreit hatte, und meine Mutter war gestorben ... Sie war an einem Stück Haschisch erstickt, das sie vor Zollbeamten irgendwo in Lateinamerika hatte verstecken wollen. Möge sie in Frieden ruhen. Kurz gesagt, mein Leben war ein verschüttetes Ich. Das sage ich nicht, um Sie traurig zu machen, aber etwas Mitgefühl würde mir nicht schaden. Damals wechselte ich den Job wie das Höschen (zweimal im Jahr, in der Zwischenzeit war ich arbeitslos und lebte unten ohne), weil die guten Stellen alle besetzt waren. So blieben mir nur die Jobs, die keiner wollte, und die wollte ich auch nicht. Die Chefs sagten mir immer, dass ich eine zu große Bedrohung für das Gleichgewicht ihres Unternehmens darstellte, und ich sage mal, dass sie sich nicht überlegt haben, welche Bedrohung sie für mein Gleichgewicht darstellen! Ein bisschen Gerechtigkeit, wenn ich bitten darf! Nach jedem Rausschmiss tadelte mich mein Psychologe. Mit erhobenem Zeigefinger riet er mir, mein kindisches Verhalten zu unterdrücken, weil ich sonst Gott weiß wie enden würde. Ich mochte es nicht, wenn er mich tadelte, und so kroch ich in solchen Situationen unter seinen Schreibtisch. Mein Mund wurde zärtlich und ich führte etwas durch, was ich eine „Härteübertragung“ nannte. Während er steif wurde, wurde seine Stimme sanft, und als ich wieder aufstand und mir das Kinn abwischte, bezeichnete er mein Verhalten überhaupt nicht mehr als kindisch. Beruhigt kehrte ich nach Hause zurück und stieg in die Badewanne, wo ich stundenlang übte, im schäumenden Wasser schöne Seifenblasen zu machen. Ich hatte eine Technik erfunden, auf die ich sehr stolz war, die ich aber unter keinen Umständen verraten würde. Mein Leben war also höchst interessant, und wenn ich meinem Schicksal entgegen blickte, sah ich nichts als einen bodenlosen Abgrund.

Zugegeben, ich soff wie ein Loch. Ich konnte meine Existenz nicht ertragen, aber wenn ich die Lampe an hatte, ging es mir viel besser. Angeblich war ich eine schöne Frau, seltsamerweise war ich die Einzige, die es nicht wusste.

Wie schon erwähnt, hatte ich eine jahrelange Beziehung mit "Igitt" geführt. Ich nannte ihn nach unserer Trennung so, damit ich standhaft bleibe und nicht zu ihm zurück gehe. Mein Psychologe hatte mich vor die Wahl zwischen „Igitt" und „Pfui" gestellt. Ich fand „Igitt" hübscher und er hatte mir empfohlen, jeden Abend mit einem sehr, sehr widerlichem Bild meines Verflossenen vor Augen einzuschlafen. So stellte ich mir vor, wie er seine Popel knabberte oder sich das rechte, ab und zu das linke Ei kraulte. Manchmal stellte ich mir vor, wie er auf der Toilette saß, mit rotem angespanntem Gesicht. Da schluckte er seine Popel runter, kraulte sich dabei die Eier und gab perverse Schreie von sich. Das war für mich das höchste der Gefühle und ich erbrach mich mit Tränen der Dankbarkeit in den Augen auf den Boden, direkt neben mein Bett. Mein Psychologe war ein guter Therapeut.

Trotzdem war mein Herz gebrochen. Ich war nicht in der Lage, gesunde und unbeschwerte Beziehungen zu Männern, diesen Nasenabfallfressern, zu führen. Bevor ich zu einem romantischen Dinner erschien, kippte ich eine Flasche Whiskey und wenn ich überhaupt kam, dann mit unsicherem Gang und pelziger Zunge. Ich hatte nie die Zeit, meine Süßen wirklich kennen zulernen und wachte nackt in meinem Bett auf, alleine mit meinen Kopfschmerzen. Das klebrige Sperma zwischen meinen Beinen war der offensichtliche Beweis dafür, dass eine gewisse Annäherung stattgefunden hatte, aber wie? Oder besser gesagt, mit wem? Ich verachtete die Männer, die von meinem besoffenen Fleisch Besitz ergriffen, und dachte, dass sie wirklich nicht wählerisch waren oder es aber sehr nötig hatten. Ich verachtete sie, und mich selbst. Nachts träumte ich von gewaltigen Schwänzen und von zum Platzen prallen Eiern. Schweißgebadet wachte ich auf und rief : „Maman!“ Aber meine Mutter war gestorben … Ich habe es schon gesagt, sie wurde irgendwo in Schwarzafrika von einer Sandschildkröte gefressen. Angeblich waren so gefräßige Schildkröten sehr selten, sie werden für sehr lieb und sehr freundlich gehalten, aber meine Mutter hatte die Gabe, allen auf den Geist zu gehen. Mein Leben war also sehr klar und gediegen. Wenn ich meinem Schicksal entgegenblickte, sah ich nichts als einen grundlosen Sumpf.

Zugegeben, ich soff wie ein Loch. Neben meinen sozialen Schwierigkeiten hatte ich ständig Geldprobleme. Ich aß nicht viel, und manchmal überkam mich Heißhunger auf gegrilltes Wildschwein. Ich blieb dann sabbernd in meinem Zimmer stehen und heulte wie ein Baby. Ich fand mich seltsam, aber mein Psychologe sagte, es sei überhaupt nicht schlimm, die meisten Menschen seien Schizophrene, Psychopathen voller Neurosen und mehr oder minder paranoid. Er wollte mich beruhigen, aber es klappte nicht, denn all diese wissenschaftlichen Wörter zeigten mir eins: wenn wir alle so verrückt waren, dann würden wir uns gut festschnallen müssen und meine Ängste kamen schneller zurück, als Pegasus mit Rakete im Hintern. In solchen Momenten voller Verzweiflung zertrümmerte ich das Sprechzimmer. Er musste mir ein paar Eimer Wasser ins Gesicht werfen, um mich wieder zu Sinnen zu bringen. Danach erlaubte er mir, seine Assistentin zu spielen, und stundenlang hörte ich zu, wie ihm seine Patienten ihre Pein und ihre Leid erzählten ... Sicher waren sie verrückt, aber friedlich ... immerhin. Hüpfend verließ ich dann die Praxis, leichten Herzens und mit Blume im Haar, voller Optimismus, Vertrauen in die Zukunft.

Ich begegnete ihm eines Abends auf einer Müllhalde, wo ich seit einiger Zeit den Sonnenuntergang zu bewundern pflegte, wie die Sonne hinter den Müllbergen zu Bett ging. Vor diesem unglaublich schönen Schauspiel kamen mir Tränen in die Augen und ich dachte an Gott, eine flüchtige Bekanntschaft, die ich jedoch nicht ganz vergessen konnte. An jenem Abend stand ich nicht alleine in der ersten Reihe. Ein Mann war auch da, vor der untergehenden Sonne, und der Wind riss ihm eine Träne von der Wange und trug sie zu meinem Mund. Es war ein Zeichen des Schicksals. Ich legte meine Hand auf seinen Hintern und flüsterte: "Es ist schön, oder?" Er schaute mich an. Er war atemberaubend hässlich. Und er war taub, und stumm … Tja, man kann nicht alles haben. Auf unserer Müllhalde erlebten wir im Geruch des Abfalls die schönste Liebesnacht, die man sich vorstellen kann. Ich fand sehr gut, dass er stumm war … und taub auch übrigens. Nach einem Orgasmus, der dreiundsechzig lange Minuten anhielt, verließ er mich, halb tot vor Genuss auf dem harten Boden liegend, und verschwand splitternackt in die schon untergegangene Sonne.

Eine seltsame Geschichte, werden Sie mir sagen. Ja, mir sind viele seltsame Geschichten passiert, aber diese machte mich sehr traurig, weil kein Mann vor ihm mich derart genommen hatte, und ich fand es ungerecht, das zu verlieren, auf dessen Geschmack ich gerade gekommen war. Ich ging nach Hause und dachte über die Feinfühligkeit derjenigen nach, die weder sprechen noch hören können.

Mit einem Blumenstrauß in der Hand wartete Igitt vor meinem Haus auf mich. Er lächelte mich an:

– „Chérie! Chérie! Uh! Uh!"

– „Hau ab, du Popelfresser, dein Gesicht ist rot und verquollen, wie in schlechten Tagen, du psychopatischer Schizophreniker, paranoider Neurotiker!"

Ich schlug ihm die Tür ins Gesicht, und da er zu laut schluchzte, und ich bald Probleme mit den Nachbarn bekommen würde, riss ich oben das Fenster auf und schrie:

– „Du weißt doch, dass ich keine Bullen mag. Zwing mich also nicht dazu, sie anzurufen. Wenn du weiter unter meinem Fenster heulst, werde ich ihnen erzählen, dass du ein perverser Vergewaltiger bist. Mir läuft Sperma die Beine runter und auf meinem Körper sind Spuren von Fingern, die nicht zimperlich mit mir umgegangen sind. Sie werden dich mitnehmen, du debiles Schwein, sie werden dich einlochen, ehrenloser Eunuch. Sei darauf gefasst, sie werden dich im Kreuzverhör auseinander nehmen, du stinkendes Stück Scheiße! Zieh leine, du Schlappschwanz!"

Sein Geheule hörte auf, ich schloss das Fenster. Es ist nicht zu glauben, wie sadistisch der Verlust einer Liebe einen machen kann.

Im nächsten Monat ließen meine Tage auf sich warten; und ich wartete auf sie. Aber dann fing ich an, mich morgens zu übergeben. Da bestand kein Zweifel mehr, ich war von meinem Taubstummen schwanger, der in die untergegangene Sonne verschwunden war. Mein Frauenarzt war ein Fünfzigjähriger, mit dem ich oft einen zu viel kippte. Ich ging zu seiner Praxis. In dem Sprechzimmer war die Luft mit Alkoholausdünstungen übersättigt, ich erbrach mich bei meiner Ankunft.

– „Du bist schwanger, Kleines. Du bist trächtig, dick geschossen … Ach, ne, du bist echt eine, also wirklich …"

Er schwankte vor Lachen und ich verstand nur kaum den Grund seiner Heiterkeit. Ich zog meinen Rock und meine Unterhose aus und er untersuchte mich mit gelegentlichen Rülpsern. Nachdem ich mich wieder angezogen hatte, wiederholte er lachend:

– „Du bist schwanger, Kleines. Du bist trächtig, dick geschossen …"

Ich ließ ihn sich totlachen und rannte zu meinem Psychologen. Ich packte die auf dem Sofa liegende

Patientin an den Füßen und schleifte sie bis ins Wartezimmer. Ich eilte dann zu meinem Sessel und erzählte ihm die verrückte Geschichte, die mir aus heiterem Himmel zufiel. Das Urteil fiel auch, wie Taubenscheiße auf das Marmeladebrot, in das einer gerade beißen will:

– „Du solltest besser abtreiben."

Ich fing an zu weinen und erklärte, dass andere Frauen auch vaterlose Kinder hatten, und dass ich das Kind in mir schon zu sehr liebte, um es dorthin zurückzuschicken, wo es herkam. Wo kam es überhaupt her? Wie sollte ich es zurückschicken, ohne zu wissen, wo es herkam? Mein Psychologe überzeugte mich, dass das Kind ohne Vater und mit einer geld- sowie arbeitslosen Mutter, nicht in der Lage wäre, sich zu entfalten und daran erkranken würde. Ich wollte mein Kind nicht krank machen. Zu Tode betrübt ging ich zu einem Abtreiber.

Der Abtreiber trug einen blutverschmierten Kittel und alle fünfzehn Minuten rief er mit dröhnender Stimme: „Die Nächste!". Ich kehrte heim und um zu vergessen, was passiert war, schlief ich acht Tage lang. Ich habe es schon erwähnt, damals ging alles, was ich anpackte, in die Hose. Und meine Mutter war gestorben ... Sie war von einem Schneeadler ausgeweidet worden, irgendwo am Nordpol. Ich hätte ihr sagen sollen, dass diese Vögel echte Mutterausweider sind.

Zugegeben, ich soff wie ein Loch. Wenn ich meinem Schicksal entgegenblickte, sah ich nichts als einen tobenden Vulkan mit dampfender Lava und meine Haare rochen nach Ruß.

Seit drei Monaten hatte ich meine Tage nicht bekommen und mein Bauch hatte eine kugelartige Form, die ich von ihm nicht kannte. Ich besuchte meinen Gynäkologen wieder und schenkte ihm eine Flasche Wodka. Er war ein paar Jahre zuvor mit einem Zug aus dem Osten, den er nie hatte nehmen wollen, in unser Land gekommen, und hatte seitdem den Rückweg nie gefunden. Er riss mir die Flasche aus den Händen, küsste sie leidenschaftlich und leerte sie in einem Zug. Während er auf einem Stuhl döste, klärte ich ihn schluchzend über meinen Zustand auf, denn eine gewisse Unsicherheit hatte mich im Bauch gepackt. Er wackelte langsam mit dem Kopf und schnarchte leise. Als ich mit meinem Bericht fertig wurde, klopfte er mir auf die Schulter und begleitete mich zur Tür: „Du bist schwanger, Kleines. Das ist alles." Er fegte mich raus und knallte die Tür hinter mir. Ich machte mich auf den Weg zum Abtreiber. Von der Straße aus hörte ich schon seine laute Stimme. Ich musste ein paar Stunden warten, bevor ich mit ihm sprechen konnte. Er war ein sehr beschäftigter Mann. Zitternd vor Angst erzählte ich ihm, was mit mir los war. Er hustete mir ins Gesicht: „Hum, hum, hum…" Dann erhob er sich, einem Unwetter gleich:

– „Ihr seid doch alle gleich, ihr hirnlosen Weiber, ihr unterentwickelte Gedankenembryos!"

Er sah furchtbar wütend aus, ich sackte in meinem Stuhl zusammen. Er packte mich am Arm und zerrte mich hinter sich her. Nachdem er ein Tor geöffnet hatte, stellte er mich vor ein riesiges Aquarium, und rief: „Zwölfter April, neun Uhr fünfunddreißig!"

Ein winziger Fleischkloß näherte sich der Glasscheibe und schaute uns an. Der Abtreiber zeigte mit dem Finger auf ihn und brüllte:
– „Da, da! Siehst du es? Es ist deins! Verdammtes hirnloses Weib!“
Es stimmte, der Fleischkloß war in einem Schriftband eingewickelt, worauf ich folgendes lesen konnte: „12. April, 9:35“, das genaue Datum und die genaue Uhrzeit meiner Abtreibung. Nun war es sicher, wenn ich schwanger war, musste es nach diesem Zeitpunkt passiert sein. Aber da gab es noch ein Problem: der Taubstumme war mein letzter Liebhaber gewesen. Was konnte das alles bedeuten? Ich verließ den Raum und war neben der Spur. Ich fand zur Straße und ihrem Treiben zurück, hinter mir grölte eine Stimme: „Die Nächste!“

Meine Tage kamen nicht wieder und mein Bauch wuchs unaufhörlich. Schon lief ich wie ein Pinguin auf Packeis und ich konnte meine Füße nicht mehr sehen. Nachts träumte ich von Fleischklößen, die Schriftbänder hielten und in einem bräunlichen Meer schwammen, wo sie sich von Plankton ernährten. Ich wachte dann auf und rief: „Maman!“, aber meine Mutter war gestorben … Sie war von einer Hornviper gebissen worden, als sie hinter einem Gestrüpp ihr Geschäft erledigen wollte, irgendwo in Kleinasien.
Zugegeben, ich soff nicht mehr wie ein Loch. Auch blickte ich meinem Schicksal nicht mehr entgegen, denn ich befürchtete zu sehr, in einen Abgrund zu fallen, in einem Sumpf zu enden oder in einem tobenden Vulkan zu verbrennen. Ich fühlte mich un-

glaublich einsam. Aus meinem Fenster beobachtete ich manchmal die ganzen Menschen auf der Straße, und ich musste bei dem Gedanken weinen, es sei wirklich zu blöd, unter Millionen von Menschen zu leben und sich dennoch so alleine vorzukommen, wie eine Predigerin in der Wüste. Vielleicht war es auch kein guter Vergleich, denn eine Predigerin hat zumindest Gott immer um den Hals und auch ein bisschen im Herzen. Ich hatte meinen runden Bauch, aber er war nicht die beste Gesellschaft, die man sich wünschen konnte.
Eines Abends ging ich zur Müllhalde und bewunderte noch einmal den Sonnenuntergang hinter den Bergen von Abfall. Es war so schön. Ich dachte an meinen Taubstummen den ich nie wieder gesehen hatte, und dann an Gott , den ich trotz aller Anstrengungen nicht zu vergessen vermochte. Ich ließ mich zu Boden fallen und weinte. Ich hörte Schritte und erhob den Kopf. Vor mir stand ein Hund, er beschnupperte mich und fing an zu lachen, während er die Augen hin- und herrollte und mit den Pfoten um sich schlug. Er war so witzig, dass ich auch lachte. Es schien ihm nicht zu gefallen. Er schaute mich etwas hochnäsig an und bellte zu mir: "Du bist echt zu dämlich!" Er verschwand in die untergegangene Sonne und ich blieb alleine, mitten im Müll zurück. Tränen liefen mir über die Wangen, ich verstand nichts mehr vom Leben, ich verstand nichts mehr von dem, was ich geglaubt hatte, zu verstehen. Ich dachte, es sei wohl besser nach Hause zu gehen. Auf dem Rückweg beobachtete ich Familien hinter beleuchteten Fenstern. Ich sah wie sie gemütlich vor dem Fernseher lungerten und Chips aßen. Ich kam

mir noch einsamer vor. In meiner Wohnung wartete kein Fernseher auf mich.

In der Nacht klingelte das Telefon. Es war sehr lange her, dass ich diesen Klang gehört hatte, so nahm ich den Hörer mit klopfendem Herzen ab. Es war „Igitt“. Er flehte mich an, seinen Platz an meiner Seite wieder einnehmen zu dürfen. Ich lachte leise und sagte zu ihm, dass er sicherlich an Einsamkeit litt. Er dachte nach und gab zu, dass es wahrscheinlich der Fall war. Ich sagte noch, dass diese ewige Suche nach einem Gefährten oder einer Gefährtin ein eindeutiges Zeichen der Angst vor dem Alleinsein war, und dass sich hinter dem Drang, eine sexuelle Begierde zu stillen, eigentlich die Angst davor steckte, allein mit sich selbst zu bleiben. Er fragte mich, was geschehen war, dass ich so spräche. „Nichts“, antwortete ich, „nichts“. Ich fing an, ihm über meine Beobachtungen zu erzählen. Ich sagte, dass die Jagd auf das Glück vielleicht in der Starre des Körpers stattfinden sollte, dass man wegen der ewigen Suche nach Selbstanerkennung in den Augen der Anderen bald selbst aberkannt wäre. In diesem Moment schwebte das Bild meines Psychologen im Raum, ich verjagte es mit der Hand und erzählte weiter, dass ich nicht mehr an die Liebe glaubte, zumindest nicht in der Form, die ich ihr hatte geben wollen, dass man vom vielen Nehmenwollen nicht mehr geben konnte, vom Geliebtwerdenwollen nicht mehr in der Lage war, zu lieben, und dass die Geduld vielleicht das war, was uns am Nützlichsten wäre. Er fing an zu weinen, und ich stellte mir seine zittrige Muskelmas-

se am anderen Ende der Stadt vor. Ich spürte, wie sich sein Herz entzweite, er jammerte:
– „Niemand hat mich je geliebt. Meine Mutter fand mich zu dumm und mein Vater hat sich immer für mich geschämt ... Wahrscheinlich hatten sie recht."
Mit sanfter Stimme antwortete ich, dass sie sicherlich unrecht hatten, und dass er erst sich selbst lieben sollte, bevor er überhaupt daran denken dürfte, geliebt zu werden. Es galt auch für mich. Er schrie vor Zorn auf und brüllte: „Liebe mich! Liebe mich! Liebe mich!" Ich legte auf und dachte, dass das Leben nicht einfach war, dass alle litten und selten welche glücklich waren, und dass ich wirklich standhaft sein musste. Ich seufzte und spürte in dem Moment ein unangenehmes Kribbeln im Bauch. Ich zog mich an und düste zum nächsten Krankenhaus.

In der Notaufnahme war Feiertag. Einige Ärzte und Krankenschwestern tanzten halb nackt und sangen, sie tranken Champagner, lachten und küssten sich. Sie schauten mich an und jubelten:
– „Eine Entbindung! Eine Entbindung! Wie schön! Kommen Sie schnell, Madame, kommen Sie!"
Sie hielten es nicht für nötig, sich wieder anzuziehen und führten mich in einen Kreißsaal mit blutrot gestrichenen Wänden. Der Chefarzt, der seinen Grad auf der Stirn tätowiert trug, ließ einen lauten Rülpser und rief: „Kaiserschnitt!" Sie legten mich auf einen Tisch und schnitten mir den Bauch auf. Sofort ertönte ein heftiger Furz. Alle erbebten und warfen sich fassungslose Blicke zu. Die Hebamme, die nicht nur einen heben konnte, sagte zu mir:

– „Scheiße, es ist leer … Es ist leer, verdammt! Sie haben neun Monate lang Luft in ihrem fetten Bauch getragen, so eine Schweinerei!"
Da stieß eine goldene Staubwolke aus meinem aufgeschlitzten Bauch. Sie schwebte einen Moment über uns und verschwand. Der Chefarzt fuhr sich mit der Hand über die Stirn:
– „So, wir schließen das alles. Das Madamchen kann nach Hause. Wir trinken einen zur Feier des Tages!"
Die Hebamme fragte, was es zu feiern gab. Er gestikulierte und schrie: "Na, das hier, das!"
Er machte eine Flasche Champagner auf, ich trank ein Glas mit und kehrte nach Hause zurück. Als ich wieder in meinem Bett lag, schlief ich schnell ein. Ich träumte, dass ich von einer goldenen Wolke getragen durch den Himmel flog. Ich wachte auf und rief: „Maman!" Aber meine Mutter war vor einiger Zeit fortgegangen, um sich auf dem Land niederzulassen, da wo die Sonne immer schien, Tag und Nacht.
Eine Woche später ging ich zu ihr, und wenn ich meinem Schicksal entgegenblickte, spürte ich meine Füße auf dem weichen und fruchtbaren Boden, und ich lachte leise.

ALS MEINE MUTTER STARB

C'était un temps maudit, pendant lequel tout ce que j'approchais d'un peu trop près tournait en bouillie de têtes de cafards. Je sortais d'une liaison-catastrophe dont je ne m'étais libérée qu'avec peine, et ma mère était morte ... Elle s'était étouffée en avalant un bout de haschisch qu'elle voulait cacher de quelques policiers douaniers du côté de l'Amérique latine. Paix ait son âme. Bref, ma vie était un moi enseveli sous des décombres. Je ne veux pas vous faire pleurer, mais tout de même, un peu de compassion ne me ferait pas de mal. A l'époque, je changeais de boulot comme je changeais de slip (deux fois par an, le reste du temps j'étais au chômage et je vivais les fesses à l'air), parce que les bonnes places étaient toutes occupées. Alors il ne restait que les places dont personne ne voulait, et bien moi, je n'en voulais pas non plus. Les chefs me disaient toujours que j'étais une trop grande menace pour l'équilibre de leur entreprise ; et bien je dis qu'ils ne se sont jamais demandé quelle sorte de menace ils représentaient pour mon équilibre ! Un peu de justice, tout de même ! Après chaque renvoi, mon psychologue me réprimandait en pointant un index menaçant vers le ciel, et me recommandait de combattre mon comportement infantile, sans quoi je finirais par mal finir. Je n'aimais pas quand mon psychologue me réprimandait, alors dans ces moments-là, je me glissais sous sa table, ma bouche se faisait câline et j'effectuais ce que j'appelais un « transfert de dureté ». Tandis qu'il se raidissait, sa voix devenait douce et quand je me relevais en m'essuyant le menton, il ne qualifiait plus du tout mon comportement d'infantile. Réconfortée, je rentrais chez moi et plongeais dans la baignoire où je m'exerçais pendant des heures à faire des bulles dans l'eau mousseuse. J'avais trouvé une technique dont j'étais très fière, mais que je ne révélerai sous aucun prétexte. Enfin, ma vie était passionante, et quand je me penchais trop sur mon sort, je ne voyais qu'un précipice sans fin.

Je picolais beaucoup, c'est vrai. Je ne supportais pas mon existence, mais avec le nez rouge et l'haleine de requin, ça allait beaucoup mieux. Il paraît que j'étais une belle femme, c'est curieux, j'étais la seule à ne pas le savoir tout en étant la plus concernée. J'avais eu, comme je vous l'ai déjà annoncé, une liaison pendant des années avec « Beurk », je l'ai nommé ainsi après notre séparation pour me donner la force de ne pas le rejoindre, car cela aurait signifié pour moi la fin des haricots. Mon psychologue m'avait donné le choix entre « Beurk » et « Bêee », je trouvais « Beurk » plus joli. Il m'avait ensuite recommandé de m'endormir chaque soir avec une image très très repoussante de mon ancien chéri. Alors, je l'imaginais mangeant ses crottes de nez ou bien se grattant la couille droite, de temps à autre la gauche. Parfois je l'imaginais assis sur les toilettes, le visage rouge et gonflé, et tout en se grattant une couille, il avalait ses crottes de nez en poussant des cris obscènes. Là, c'était la totale et, des larmes de reconnaissance dans les yeux, je vomissais par terre, tout près de mon lit. Mon psychologue était un bon thérapeute. Enfin, tout de même, mon cœur était brisé. Je n'étais pas capable d'avoir des relations saines et légères avec les hommes, ces mangeurs de résidus nasals. Avant de paraître à un dîner en amoureux, je m'enfilais une bouteille de whiskey et j'arrivais au rendez-vous, quand j'y arrivais, la démarche incertaine et la langue pâteuse. Je n'avais jamais le temps de connaître vraiment mon galant et je me réveillais nue, dans mon lit, seule avec mon mal de tête. Le sperme collé entre mes jambes était la preuve évidente qu'un certain rapprochement avait eu lieu, mais comment ? Ou plutôt avec qui, de quoi pouvait-il bien avoir l'air ? Je méprisais les hommes qui prenaient possession de ma viande saoule, je me disais qu'ils n'étaient vraiment pas difficiles, ou bien vraiment trop en manque. Je les méprisais et je me méprisais moi-même. La nuit, je rêvais de pénis énormes et de testicules gonflés, prêts à éclater. Je me réveillais dans un bain de sueur en criant « Maman ! », mais ma mère était morte ... Je l'ai déjà dit, elle s'était faite manger par une tortue des sables quelque part du côté de l'Afrique noire. Il paraît que c'était très rare, une tortue si vorace, elles avaient pour habitude d'être gentilles et aimables, mais ma mère avait le don d'agacer n'importe qui. Enfin, ma vie était très claire et très rangée. Quand je me penchais un peu trop sur mon sort, je ne voyais qu'un marécage aux profondeurs abyssales.

Je picolais beaucoup, c'est vrai. J'avais toujours des problèmes d'argent en plus de mes déboires sociaux. Je ne mangeais pas beaucoup, et parfois l'envie sauvage d'un sanglier grillé me torturait l'estomac. Je restais plantée au beau milieu de ma chambre, un peu de bave coulait sur ma chemise et je pleurais comme un petit enfant. Je me trouvais bizarre, mais mon psychologue disait que ce n'était pas grave du tout, que la plupart des gens étaient des schizophrènes, doublés de psychopathes, remplis de névroses et tous plus ou moins paranoïaques. Il voulait me rassurer, et bien c'était raté parce que ces mots savants me disaient que si nous étions tous aussi dingues, il allait falloir s'accrocher, et mes peurs revenaient à la vitesse d'un cheval au galop collé sur une fusée spatiale. Dans ces moments-là, je ravageais son bureau en poussant des cris semblables à ceux d'un ours touché d'une balle dans le ventre. Il devait me jeter quelques seaux d'eau au visage pour me faire reprendre mes esprits. Ensuite, il m'autorisait à jouer son assistante et j'écoutais pendant des heures ses patients lui raconter leurs peines et leurs souffrances. Ils étaient fous, sans aucun doute, mais paisibles ... c'était toujours ça de gagné. Je m'en allais en sautillant, le cœur léger et la marguerite à l'oreille, pleine d'optimisme et de confiance en l'avenir.

Je l'ai rencontré un soir sur un terrain vague où j'avais pris l'habitude d'admirer le coucher du soleil dont le lit se trouvait derrière les monticules d'ordures. Devant ce spectacle incroyablement beau, mes yeux se mouillaient d'émotion et mes pensées se tournaient vers Dieu. Celui-ci avait été mon ami quelques années auparavant, mais il m'avait laissée tomber pour je ne sais quelle raison ; je ne m'en étais jamais vraiment remise. Ce soir-là, je n'étais pas la seule spectatrice dans les premiers rangs, un homme était debout face au soleil couchant, et une de ses larmes, portée par un vent galant, est venue se poser sur ma bouche. C'était un signe du destin. Je lui ai collé ma main sur les fesses en murmurant : « C'est beau, non ? » Il s'est tourné vers moi, il était d'une laideur à couper le souffle. Il était aussi sourd et muet... Ben oui, on ne peut pas tout avoir. Nous avons vécu sur notre terrain vague, dans l'odeur des ordures, la plus belle nuit d'amour que l'on puisse imaginer. Je trouvais très bien qu'il soit muet ... sourd aussi, d'ailleurs. Après un orgasme qui nous a fait frissonner pendant soixante-trois longues minutes, il m'a laissée à moitié morte de jouissance sur le sol dur qui ne portait pas la marque de nos corps, et il a disparu, nu comme un vers, dans le soleil déjà couché.

Drôle d'histoire, me direz-vous, oui, il m'est arrivé beaucoup d'histoires drôles, mais celle-ci me rendait très triste car pas un homme avant lui ne m'avait prise de la sorte et il était injuste de perdre ce à quoi on venait de prendre goût. Je suis rentrée chez moi en méditant sur la sensibilité de ceux qui ne peuvent ni parler ni entendre. Beurk m'attendait devant mon immeuble, un bouquet de fleurs à la main. Il avait cet air bête que je n'avais jamais pu supporter.

– « Chériechériechérie ! »

– « Dégage, bouffeur de crottes de nez, t'as le visage rouge et gonflé des mauvais jours, schizophrène psychopathe, névrosé paranoïaque ! »

Je lui ai fermé la porte au nez, et comme il sanglotait trop fort et que j'allais avoir des problèmes avec les voisins, une fois en haut, j'ai ouvert la fenêtre et lui ai crié :

- « Tu sais que je n'aime pas les flics, alors ne me force pas à les appeler. Si tu continue à chialer sous ma fenêtre, je leur raconte que t'es un violeur per-

vers, j'ai du sperme qui coule le long de mes jambes et mon corps porte les traces de doigts qui n'y sont pas allés avec le dos de la cuillère. Ils t'embarqueront, mauviette, ils t'enfermeront, eunuque sans fierté, ils te cuisineront, branleur de campagne ! Hors de ma vue, couille molle vomitive ! »
Ses pleurs ont cessé, j'ai fermé la fenêtre. C'est fou comme la perte d'un amour peut rendre sadique.

Le mois suivant, mes règles avaient du retard. J'ai attendu quelques jours pour avoir plus de certitude sur mon état, et puis je me suis mise à vomir le matin et là, il n'y avait plus de doute, j'étais enceinte de mon sourd-muet disparu dans le soleil couché. Mon gynécologue était un homme d'une cinquantaine d'années avec qui je buvais souvent un verre de trop. Je me suis rendue à son cabinet, la pièce sentait l'alcool à plein nez et j'ai vomi à mon arrivée.
– « T'es enceinte, ma petite. T'es grosse, t'es en cloque, t'es pleine ... Quelle bonne blague, t'en es une, toi, je te jure ! »
Il riait à en perdre l'équilibre et je ne comprenais qu'à peine la raison de cette hilarité. J'ai enlevé ma jupe et mon slip, et il m'a auscultée en rotant de temps à autre. Quand j'ai été rhabillée, il a répété en riant :
– « T'es enceinte, ma petite. T'es grosse, t'es en cloque, t'es pleine ... »
Je l'ai laissé à son fou rire et j'ai couru jusque chez mon psychologue. J'ai attrappé la patiente allongée sur le divan par les pieds, je l'ai jetée dans le couloir puis j'ai foncé m'assoir dans mon fauteuil et lui ai raconté le truc fou qui me tombait sur le coin de la

figure. Le verdict est tombé, lui, comme une fiente de pigeon sur la tartine de confiture qu'on s'apprête à manger : « Il vaudrait mieux que tu avortes. » Je me suis mise à pleurer en lui expliquant que d'autres femmes avaient elles aussi des enfants sans père et que le petit en moi, je l'aimais déjà un peu trop pour le renvoyer d'où il venait. Mon psychologue m'a convaincue que, sans père et avec une mère sans argent, sans travail et de plus déséquilibrée, le petit ne serait pas à même de s'épanouir et en deviendrait malade. Je ne voulais pas rendre mon enfant malade, je me suis rendue chez un avorteur, la mort dans l'âme, la mort dans le ventre, et la mort dedans tout court.

L'avorteur avait un tablier blanc taché de sang et criait toutes les quinze minutes « Suivante ! » d'une voix tonitruante. Après l'intervention, je suis rentrée à la maison, et pour oublier un peu, j'ai dormi pendant huit jours. Je vous l'ai déjà dit, à l'époque, tout ce que je touchais tournait en bouillie de têtes de cafards. Et puis ma mère était morte ... Elle s'était faite dépecer par un aigle des neiges du côté du Pôle Nord. J'aurais dû la prévenir que ces oiseaux étaient de véritables dépeceurs de mères.

Je picolais beaucoup, c'est vrai. Lorsque je me penchais un peu trop sur mon sort, je ne voyais qu'un volcan rageur à la lave fumante, et mes cheveux sentaient le roussi.

Depuis trois mois, mes règles n'étaient pas revenues et mon ventre avait une forme ronde que je ne lui connaissais pas. Je suis retournée chez mon gynécologue et je lui ai offert une bouteille de vodka. Il était arrivé dans notre pays un jour brumeux, par un train oriental qu'il n'avait jamais voulu prendre, et depuis, il n'avait pas trouvé le chemin du retour. Il m'a arraché la bouteille des mains, l'a embrassée fougueusement et l'a vidée d'un trait. Pendant qu'il somnolait sur une chaise, je lui ai décrit mon état en pleurant, car il faut le reconnaître, une certaine inquiétude me serrait les intestins. Il dodelinait de la tête en ronflant doucement. Lorsque j'ai eu fini de parler, il a rouvert les yeux, m'a tapotée sur l'épaule et m'a raccompagnée à la porte : « Tu es enceinte, petite, c'est tout. » Il m'a poussée dehors et a claqué la porte derrière moi. Mais alors, cet avortement ? Je me suis rendue chez l'avorteur, de la rue j'entendais déjà sa grosse voix. Il était un homme très demandé, j'ai attendu quelques heures avant de pouvoir enfin lui parler, et tremblante de peur, je lui ai raconté ce qui m'arrivait. Il a toussé en me crachant au visage : « Humhumhum ... », puis il s'est levé, tel un orage sur la plaine :

– « Vous êtes toutes les mêmes, femelles sans cervelle, embryons de pensées sous-développés ! »

Il avait l'air très en colère et je me suis tassée sur ma chaise. Il m'a empoignée par le bras et m'a tirée derrière lui. Il m'a conduite dans une autre pièce et m'a plantée devant un aquarium gigantesque. Il a appelé « Douze avril, neuf heures trente-cinq minutes ! » Un tout petit bout de viande s'est approché de la vitre et nous a regardés. L'avorteur me l'a montré du doigt en hurlant :

– « Là ! Là ! Tu le vois ? C'est le tien ! Putain de femelle sans cervelle ! »

C'était vrai, le petit bout de viande était enroulé dans une banderole et j'ai pu lire : « 12 avril, 9:35 », la date et l'heure exactes de mon interruption involontaire de grossesse. Si j'étais enceinte, cela avait dû arriver après ... Mais il y avait un problème : mon sourd-muet avait été mon dernier amant. Alors qu'est-ce que tout cela pouvait bien signifier ? J'ai quitté la pièce, je marchais à côté de mes chaussures qui, heureusement, me suivaient, j'ai retrouvé la rue et son activité. Derrière moi, une voix énorme criait : « Suivante ! »

Mes règles ne sont pas revenues et mon ventre n'a pas cessé de s'arrondir. Je marchais déjà comme un pingouin sur la banquise et je ne voyais plus mes pieds. La nuit, je rêvais de bouts de viande tenant des banderoles, nageant dans une mer brunâtre et gobant du plancton. Je me réveillais en criant « Maman ! », mais ma mère était morte ... Elle s'était faite mordre par un céraste des fourrés en voulant se soulager derrière un buisson du côté de l'Asie mineure.

Je ne picolais plus, c'est vrai. Je ne me penchais plus sur mon sort non plus, j'avais trop peur de tomber dans un précipice, de finir dans quelque marécage ou de brûler vive dans les flammes d'un volcan rageur. Je me sentais incroyablement seule. Parfois, de ma fenêtre, j'observais tous ces gens dans la rue et je pleurais en me disant que c'était vraiment trop bête de vivre entourée de millions d'individus et de se sentir aussi seule qu'une nonne prêchant dans la désert. C'était peut-être une mauvaise comparaison parce qu'une nonne, au moins, avait toujours Dieu accroché à son cou, et un peu dans son cœur. Moi, j'avais mon ventre rond, mais il n'était pas de très bonne compagnie. Un soir, je me suis rendue sur le terrain vague où j'ai admiré encore une fois le coucher de soleil derrière les monticules d'ordures. J'ai pensé à mon sourd-muet que je n'avais jamais revu et puis à Dieu que, malgré tous mes efforts, je ne parvenais pas à oublier. Ces pensées m'ont fait très mal à l'intérieur de moi, je suis tombée à genoux en sanglotant comme un nourisson. J'ai entendu un bruit de pas et j'ai relevé la tête. Un chien se tenait devant moi, il m'a reniflée et s'est mis à rire en roulant les yeux et en battant des pattes. Il était très drôle alors j'ai ri aussi. Ça n'a pas eu l'air de lui plaire. Il s'est relevé, m'a regardé d'un air fier et m'a lancé :

– « T'es vraiment trop conne ! »

Il a disparu dans le soleil déjà couché et je suis restée seule au milieu des ordures. Des larmes coulaient sur mes joues, je ne comprenais plus rien de l'existence, je ne comprenais plus rien de ce que j'avais cru comprendre. J'ai pensé qu'il fallait que je rentre. Sur le chemin du retour, j'ai observé des familles derrière des fenêtres illuminées, qui riaient devant leur poste de télévision en mangeant des chips et des bonbons. Je me suis sentie encore plus seule et j'ai accéléré le pas. Dans ma chambre, il n'y avait pas de poste de télévision pour m'attendre, je me suis affalée sur mon lit, mon ventre énorme couché sur le côté.

Dans la nuit le téléphone a sonné. Il était rare qu'on m'appelle et j'ai décroché, le cœur battant. C'était Beurk. Il me demandait de revenir prendre ma place à ses côtés. J'ai ri de bon cœur et lui ai dit qu'il souffrait certainement de sa solitude. Il a réfléchi puis a reconnu que c'était sans doute vrai. Je lui ai expliqué

que cette recherche permanente d'un compagnon ou d'une compagne était le signe évident de la peur d'être seul et que, derrière le besoin d'assouvir un désir sexuel ne se cachait que la peur de rester seul avec soi-même. Il m'a demandé ce qui m'était arrivé pour que je parle comme ça. « Rien », lui ai-je répondu, « il ne m'est rien arrivé. » Et puis je me suis mise à parler de mes observations. Je lui ai dit que la course au bonheur devait peut-être se faire dans l'immobilité du corps, qu'à force de courir après la reconnaissance de soi, dans le regard des autres on allait finir par mal finir. A ce moment-là, l'image de mon psychologue a flotté dans la pièce, je l'ai chassée d'un geste de la main et j'ai continué à raconter que je ne croyais plus en l'amour, ou bien pas sous la forme que j'avais voulu lui donner, qu'à force de vouloir prendre, on ne savait plus donner, qu'à force de vouloir être aimé, on ne savait plus aimer, que la patience était peut-être ce qui nous serait de plus utile. Il a pleuré et j'imaginais sa masse de muscles trembler à l'autre bout de la ville, je sentais son cœur se fendre, il s'est mis à gémir :
– « Personne ne m'a jamais aimé ... Ma mère me trouvait trop con et mon père a toujours eu honte de moi ... Ils avaient surement raison. »
J'ai répondu d'une voix douce qu'ils avaient certainement tort et qu'il devait commencer par s'aimer lui-même avant de penser à être aimé. Il a poussé un cri de colère et a hurlé :
– « Aime-moi ! Aime-moi ! Aime-moi ... »
J'ai raccroché en me disant que la vie n'était vraiment pas facile, que tout le monde souffrait et que rares étaient les gens heureux, et puis qu'il allait vraiment

falloir s'accrocher. J'ai poussé un soupir et à ce moment-là, j'ai senti au creux de mon ventre des picotements désagréables. Je me suis habillée et j'ai foncé à l'hôpital le plus proche.

Aux urgences, c'était jour de fête. Quelques médecins et quelques infirmières dansaient à moitié dévêtus, en chantant des chansons paillardes, ils buvaient du champagne en riant et s'embrassaient les uns les autres. Ils m'ont regardée et ont crié en chœur :
– « Un accouchement ! Un accouchement ! Quel bonheur ! Venez petite madame, venez ! »
Ils n'ont pas pris le temps de se rhabiller et m'ont conduite immédiatement dans une salle d'opération aux murs couleur rouge sang. Le médecin-chef, dont le grade était tatoué sur le front, a roté très fort avant de hurler : « Césarienne ! » Ils m'ont allongée sur un lit et le gradé médical m'a ouvert le ventre. Dans un silence de mort, un énorme pet a retenti. Ils ont sursauté en se jetant des regards ahuris. La sage-femme, qui portait mal son nom, m'a lancé :
– « Mais c'est vide, putain, c'est vide, merde ! Vous avez porté neuf mois de l'air dans votre bide de femme grosse ! Et bien, c'est du propre ! »
Et là, un nuage de poussière dorée est sorti de mon ventre ouvert. Il a flotté quelques instants au-dessus de nos têtes puis s'est évaporé. Le médecin-chef s'est passé la main sur le front :
– « Bon ... On referme tout ça. La petite madame peut rentrer chez elle. On va boire un coup pour fêter ça ! »
La sage-femme a demandé ce qu'il y avait à fêter, il a fait de grands gestes en criant :

– « Ben ça... ça ! »
Il a ouvert une bouteille de champagne, j'en ai bu un verre et je suis rentrée chez moi. De retour dans mon lit, je me suis endormie. Je rêvais que je volais, portée par un nuage doré. Je me suis réveillée et j'ai crié « Maman ! » Mais ma mère était partie depuis longtemps s'installer dans un coin de campagne où le soleil brillait la nuit comme le jour.
Une semaine plus tard, je la rejoignais. Quand je me penchais sur mon sort, je sentais mes pieds plantés dans une terre douce et fertile, et je riais gaiement.

Hinweise zu den Abbildungen:

Bilder von Lydia Hashim, Bonn,
www.lydiahashim.de

Abb. Cover	*„Liebesbriefe"* Acryl auf Leinwand, 60 x 80 cm
Abb. S. 35	*„Deremit"* Acryl auf Leinwand, 100 x 100 cm
Abb. S. 71	*„Wiege der Individualität"* Acryl auf Leinwand, 40 x 80 cm
Abb. S. 99	*„Als meine Mutter starb"* Acryl auf Leinwand, 90 x 120 cm